自治体の仕事シリーズ

商工観光課の
シゴト

商工観光研究会 編著

ぎょうせい

はじめに

　現在、国では重点的な政策として、東京一極集中を是正し、地方の人口減少に歯止めをかけ、地域の活性化を目指す「地方創生」が進められています。地方に人を呼び込むためには、地域の魅力・経済力を高めることも重要であり、その視点からすると、地方自治体において商工・観光部門の果たす役割というのは、今後、ますます大事なものになってくると考えられます。

　このように大事な役割を期待されている商工・観光部門は、自治体の数ある組織の中でも、非常にやりがいのある部門の一つであると言えると思います。

　本書は、自治体における商工・観光部門の組織の仕事内容を紹介することで、新たにそれらの組織に配属となった方々が、これから携わる仕事のイメージを持っていただけるようにとまとめたものです。

　商工・観光課に配属された方々は、その名称から、何となく組織イメージは湧くと思いますが、実際の所掌範囲の広さから、具体的にはどのような業務を行うのかが分からないという不安もあるかもしれません。商工・観光課というところは、大枠で言うと地域の産業振興を担う組織の一つです。地域産業の振興は、それぞれの地域の産業特性や規模、特色などに応じて推進するものであることから、自治体ごとに施策の方向性は変わってくるでしょう。したがいまして、本書で紹介する商工・観光課の仕事内容や進め方、考え方等は、読者の自治体における商工・観光課のそれとは異なっていることもあるかと思いますが、この点はご容赦願います。

また、仕事内容は主要なものに限っており、物足りない部分もあるかとは存じますが、本書が、商工・観光課に配属となった担当者にとりまして、少しでも実務のお役に立てれば大変うれしく思います。

　2018年6月

　　　　　　　　　　　　　　　　　商工観光研究会

目　次

はじめに

第1編　商工課編

第1章　商工課とはどんなところ？

Ⅰ　商工課とはどのような組織か ……………………………………… 4

Ⅱ　役所における組織での位置づけ …………………………………… 6

1　組織構成　／6

2　組織位置づけの例　／6

Ⅲ　商工課の役割 ………………………………………………………… 9

1　行政組織規則における事務分掌　／9

2　自治体ごとに所掌事務は様々　／10

3　自治体の独自政策が重要　／12

第2章　商工課職員としての心得とシゴトのコツ

Ⅰ　意識を変えよう ……………………………………………………… 18

Ⅱ　コミュニケーションが大事 ………………………………………… 19

1　外部団体等との連携は必須　／19

2　役所内での協力関係を築く　／20

Ⅲ　積極的に外に出よう ………………………………………………… 21

Ⅳ　国・都道府県の政策や経済の動向に敏感になろう ……………… 22

1　国等の政策方針や補助金は要チェック　／22

2　経済動向も押さえるべし　／23

3　他市の優良事例を調べよう　／23

Ⅴ　商工課における課題 ………………………………………………… 25

1　人材育成　／25

2　外部専門家等の活用　／25

第3章 主なシゴトの内容

Ⅰ　水戸市の産業構造･･････････････････････････････28
   1　第3次産業に特化した産業構造　／28

Ⅱ　中心市街地活性化････････････････････････････31
   1　現況と課題　／31
   2　基本計画の進行管理　／33
   3　空き店舗対策　／41
   4　イベント　／44

Ⅲ　企業誘致･･････････････････････････････････････47

Ⅳ　創業支援･･････････････････････････････････････50
   1　創業支援事業計画　／51
   2　コワーキングスペース水戸　／53

Ⅴ　商業振興･･････････････････････････････････････57
   1　現況と課題　／57
   2　商店街活性化　／59

Ⅵ　工業振興･･････････････････････････････････････63
   1　現況と課題　／63
   2　工業支援事業補助金　／64
   3　優良工場認定　／67

Ⅶ　中小企業支援････････････････････････････････70
   1　市町村中小企業金融制度（自治金融・振興資金）　／70
   2　産業活性化コーディネーター　／72

Ⅷ　就労・労働者支援･･･････････････････････････74
   1　現況と課題　／74
   2　就職面接会の開催　／75
   3　就労支援・企業情報発信サイトの運用　／75

第4章 業務お役立ち情報

Ⅰ　法律･･･80

Ⅱ 押さえておくべき資料 …………………………………………… 86

Ⅲ 役立つホームページ ……………………………………………… 89

第2編　観光課編

第1章　観光とは

Ⅰ 観光という言葉 ……………………………………………………… 98

Ⅱ 観光の動向 ………………………………………………………… 100

第2章　観光課とはどんなところ？ 役所としての位置づけと役割

Ⅰ 観光課の役割 ……………………………………………………… 106

　　1　役所における組織　／106

　　2　関係課との協力関係　／108

Ⅱ 観光基本計画 ……………………………………………………… 109

　　1　観光基本計画の位置付け　／109

　　2　観光基本計画の内容　／110

　　3　観光基本計画の策定　／112

Ⅲ 観光協会 …………………………………………………………… 114

　　1　観光協会とは　／114

　　2　観光協会の組織体制　／115

　　3　観光協会の財源　／119

　　4　観光協会の事業　／120

第3章　観光課職員としての心得とシゴトのコツ

Ⅰ 観光課職員として ………………………………………………… 124

　　1　観光課職員としての喜び　／124

　　2　観光課職員としての意識　／125

Ⅱ 机の上と実行力 ………………………………………………… 127
　　1 持っているものを知る ／127
　　2 机の上で ／128
　　3 実行する ／129
　　4 組織として ／129
Ⅲ 様々な人や団体と連携してこそ ………………………………… 131
Ⅳ イベントの進め方 ……………………………………………… 133
　　1 企画の立案 ／133
　　2 手続きや調整 ／134
　　3 イベント当日 ／139

第 4 章　観光事業を推進する

Ⅰ 地域の個性と魅力の活用 ……………………………………… 145
　　1 観光スポット ／145
　　2 まつりやイベント ／148
　　3 食や土産品 ／154
　　4 体験 ／158
Ⅱ 観光誘客 ………………………………………………………… 162
　　1 情報の発信 ／162
　　2 商談会 ／165
　　3 物産展 ／166
　　4 コンベンション誘致 ／170
　　5 広域連携 ／173
Ⅲ 観光客の受入れ ………………………………………………… 177
　　1 おもてなし ／177
　　2 観光案内所 ／185
　　3 観光案内板 ／188
　　4 交通 ／191

第 5 章　観光事業の事例

Ⅰ 東日本大震災からの復興 ……………………………………… 198
　　1 地震の発生と観光への影響 ／198
　　2 復興への取組 ／200

Ⅱ　ゆるキャラ……………………………………………………………… 203

　　1　みとちゃんの誕生　／203

　　2　みとちゃんの活動　／206

　　3　みとちゃんと仲間たち　／208

第1編

商工課編

第 1 章

商工課とはどんなところ?

第1章　商工課とはどんなところ？

 # 商工課とはどのような組織か

　少子化が進み、人口減少が急速に進むであろう日本においては、今後、生産力の低下と市場の縮小は避けられない状況にあります。
　また、全国的に地方創生に係る動きが活発化している中にあって、地域に人を集めるための方策の一つとしての「仕事づくり」の重要性が叫ばれています。
　このような中、大きく注目されているのが地域産業であり、地域の特色を生かした独自性の高い地域産業の発展は、地域の経済的自立の促進につながるものであります。このため、地域産業政策の重要性とともに、そこに寄せられる期待も大きくなってきています。
　そこで、地域における経済、雇用を支える産業の振興を図り、事業所等の経営の安定化及び拡大や新陳代謝を促進し、地域経済を成長させていくことを目的に、地域産業政策の一翼を担うのが自治体における「商工課」なのです。そして、顧客という視点でいうと、主な対象者は中小企業や小規模事業者ということになるでしょう。
　さて、商工課というと、その名のとおり地域の「商業」及び「工業」の振興を図るための組織ではありますが、それはあくまで主要な業務のひとつであり、その分野のみで線が引かれるというものでもなく、商工業を含めた産業全体の振興や地域経済の活性化の一翼を担う、かなり広範な事務を所掌するのが実態となっています（同じく産業振興関連においても、農業分野や観光分野については、別に独立した組織を持つ自治体が多いです。）。
　また、商業振興や企業誘致などの産業政策の分野は、産業競争力強化法や商店街活性化法など、関連する法律はありますが、事業を推進

するにあたり、他の分野に比べて法的制約が少なく、政策の自由度が比較的高い行政分野と言えるでしょう。

　したがって、関連施策を企画立案したり、それを進めていく上では、担当する職員の裁量によるところが比較的大きく、とてもやりがいのある分野であるとも言えます。

　さて、大まかにいうと上記のような業務を担当する組織として商工課が存在するわけでありますが、産業振興を担当する組織名は各自治体においてすべて「商工課」という名称が用いられているわけではありません。大枠の部局としては、ほぼ経済産業系の枠に括られていますが、自治体の規模や産業特性、重点施策の方向性などに応じて、課に相当する名称は様々で、「産業振興課」、「経済課」など、さらに2つ以上の課に細分化している自治体も多くみられます。

　名は体を表すというように、この組織名称から、各自治体の産業振興における姿勢をある程度読み取ることができるでしょう。

第1章　商工課とはどんなところ?

Ⅱ　役所における組織での位置づけ

1　組織構成

　地域産業振興を担う組織として大まかに分けると、「産業全般に係る部門（企業誘致、起業家育成・支援、中小企業支援などの産業政策部門）」「商業振興部門」「工業振興部門」「農林水産業振興部門」「観光振興部門」「流通部門」、また、関連して「労働・雇用政策部門」の区分に分けることができます。各自治体の組織は、その地域の産業特性や施策の方向性によって、これらの区分がいろいろなパターンで組み合わされて構成されています。

　水戸市においては、産業振興を担う部の組織として産業経済部があり、商工課をはじめ、観光振興を担う観光課、農業振興を担う農政課など、6課で構成されています。

　商工課内の組織構成としては、「市街地活性係」及び「商工労政係」の2係体制となっています。

【水戸市産業経済部の組織構成】

部	課等	係等
産業経済部	商工課	市街地活性化係　商工労政係
	観光課	企画物産係　事業係
	農政課	企画係　振興係　ふるさと農業センター　内原農政係
	農業環境整備課	管理係　集落排水係　土地改良係　地籍調査係
	農業技術センター	技術係　植物公園　花と緑係
	公設地方卸売市場	管理係

2　組織位置づけの例

　先に産業振興を担う組織は自治体ごとに様々な名称、形態があると

述べましたが、ここでは、水戸市以外の自治体の組織の事例をいくつか見てみることにしましょう。

【A自治体】

産業振興に関する部として経済部があり、産業政策、商工、観光、農業部門など、6課で構成されています。産業政策を担う課が独立して設置されています。

部	課
経済部	産業政策課
	商工振興課
	観光交流課
	都市魅力創造課
	農業企画課
	農林生産流通課

【B自治体】

産業振興に関する部として商工観光部と農政部の2部に分かれており、商工観光部が3課、農政部が2課で構成されています。

部	課	担当
商工観光部	産業政策課	企画誘致担当　中心市街地活性化担当　労政担当
	商工振興課	商業振興担当　工業振興担当　金融担当
	観光課	観光振興担当
農政部	農林課	農政担当　農業担当　林業担当　畜産担当
	田園整備課	土地改良担当　工務担当　国土調査担当

【C自治体】

産業振興に関する部として経済部、観光部、農林水産部の3部に分かれており、経済部が4課、観光部が4課、農林水産部が4課で構成されています。観光部が独立して存在していることから、政策として

第1章 ▌ 商工課とはどんなところ?

観光分野に重点化を図っていることがうかがえます。

部	課
経済部	経済企画課
	商業振興課
	工業振興課
	労働課
観光部	観光企画課
	コンベンション推進課
	観光推進課
	国際観光課
農林水産部	企画調整課
	水産課
	農務課
	農林整備課

【D自治体】

　産業振興に関する部として産業振興部、農林水産振興部、観光・スポーツ部の3部に分かれており、産業振興部が3課、農林水産振興部が3課、観光・スポーツ部が3課で構成されています。

　観光振興部門とスポーツ振興部門が、同じ部に所属しているところに特徴が表れています。

部	課	係
産業振興部	産業振興課	創業支援係　商業係　工業係
	産業立地・就業支援課	産業立地係　就業支援係
	市場流通課	
農林水産振興部	農業振興課	農政係　農務畜産係　園芸係
	農林整備課	管理係　耕地係　森林係
	水産課	総務係　振興係　漁港係
観光・スポーツ部	観光政策課	企画振興係　誘致係
	観光施設課	開発整備係　施設管理係
	スポーツ振興課	振興係　施設係　スポーツイベント係　スポーツコミッション推進係

8

Ⅲ 商工課の役割

1　行政組織規則における事務分掌

　先に、産業振興に係る自治体の組織構成の事例をみてきましたが、その中の商工課としては、具体的にどのような事務を担当しているの

課	係	事　務　分　掌
商工課	市街地活性係	1　部内の調整に関すること。 2　中心市街地活性化対策の総合調整に関すること。 3　商業振興及び商店街の活性化に関すること。 4　空き店舗対策の推進及び支援に関すること。 5　大規模小売店舗立地法（平成10年法律第91号）に関すること。 6　中心市街地活性化協議会に関すること。 7　商工会議所法（昭和28年法律第143号）、商工会法（昭和35年法律第89号）及び商工会及び商工会議所による小規模事業者の支援に関する法律（平成5年法律第51号）に関すること。 8　商店街振興組合の設立の認可等に関すること。 9　中小小売商業振興法（昭和48年法律第101号）に関すること。
	商　工 労政係	1　商・工鉱業団体の育成指導及び連絡調整に関すること。 2　工鉱業振興施策の企画、調整及び推進に関すること。 3　中小企業金融に関すること。 4　企業の立地動向に係る調査、立地推進及び誘致に関すること。 5　創業者の育成及び支援に関すること。 6　工場立地法（昭和34年法律第24号）に関すること。 7　ガス事業法（昭和29年法律第51号）、液化石油ガスの保安の確保及び取引の適正化に関する法律（昭和42年法律第149号）並びに電気用品安全法（昭和36年法律第234号）に基づく販売の事業を行う者に対する立入検査等に関すること。 8　中小企業等協同組合法（昭和24年法律第181号）及び中小企業団体の組織に関する法律（昭和32年法律第185号）に関すること。 9　市営駐車場に関すること。 10　計量に関すること。 11　優良工場の認定に関すること。 12　労働に関する情報及び資料の収集並びに関係機関との連絡調整に関すること。 13　雇用の促進調整及び勤労者の福祉増進に関すること。 14　水戸市商業・駐車場公社に関すること。 15　水戸市勤労者福祉サービスセンターに関すること。

第1章 ┃ 商工課とはどんなところ?

でしょうか。水戸市役所における商工課の事務の役割分担としては、水戸市行政組織規則において、次のような事務分掌を定めています。

　この事務分掌をみてみますと、水戸市における商工課という組織は、中心市街地活性化、商業振興、商店街活性化、工業振興、創業支援、企業誘致、金融支援、計量、労働政策など、かなり幅広い事務を担当していることが分かります。

　このことからも、水戸市の産業振興を担当する組織として、商工課の担う役割の範囲というのは、かなり大きなウエイトを占めているとも言えます。

2　自治体ごとに所掌事務は様々

　組織と同様にそれに伴う所掌事務も自治体ごとに違いがみられます。ここでも、他の自治体の組織規則等から事務分掌の事例をみてみましょう（一部抜粋部分あり）。

【A自治体】

　産業政策課において企業誘致を担当しており、商工振興課において、労働政策を担当しています。

課	グループ	事　務　分　掌
産業政策課	地域産業振興グループ 企業立地グループ	1　産業経済政策の立案及び総合調整並びに推進に関すること。 2　企業立地施策の立案及び総合調整並びに推進に関すること。
商工振興課	商工振興グループ 労政グループ	1　商工行政に係る施策の調査及び研究、企画並びに推進に関すること。 2　市営駐車場に関すること。 3　労働行政に係る施策の調査及び研究、企画並びに推進に関すること。

【B自治体】

　産業政策課において企業誘致、中心市街地活性化、労働政策まで担

Ⅲ 商工課の役割

当しています。

課	グループ	事　務　分　掌
産業政策課	企業誘致担当 中心市街地活性化担当 労政担当	1　産業振興施策の企画及び調整に関すること。 2　企業等の立地促進及び新産業の創出に関すること。 3　中心市街地の活性化に関すること。 4　雇用対策に関すること。 5　労働福祉に関すること。 6　労使関係団体との連絡に関すること。
商工振興課	商業振興担当 工業振興担当 金融担当	1　商工業の経営指導その他商工業の振興に関すること。 2　計量に関すること。 3　企業の金融対策に関すること。 4　勤労者の福祉資金融資に関すること。 5　商工業関係団体との連絡に関すること。

【C自治体】

　水戸市の商工課において担っている分野が、4つの課に細分化されており、経済企画課において起業支援を、商業振興課において中心市街地活性化、金融支援を、工業振興課において企業誘致を、労働課において労働政策全般を担当しています。

課	事　務　分　掌
経済企画課	1　産業政策に関すること。 2　起業の促進に関すること。 3　情報産業の振興に関すること。 4　中小企業振興審議会に関すること。 5　食の産業化に関すること。 6　地域経済の調査に関すること。
商業振興課	1　商業の振興に関すること。 2　流通に関すること。 3　物産に関すること。 4　大型店の出店に関すること。 5　金融に関すること。 6　中小企業団体等の指導に関すること。 7　中心市街地の活性化に関すること。 8　小売市場に関すること。 9　貿易の振興に関すること。

第1章 ┃ 商工課とはどんなところ?

工業振興課	1　工鉱業の振興に関すること。 2　企業誘致に関すること。 3　工業用地に関すること。 4　産業支援センターに関すること。
労働課	1　労働政策の推進に係る各種事業の企画に関すること。 2　雇用促進制度の周知に関すること。 3　労働事情の調査に関すること。 4　雇用対策および労働力定着対策に関すること。 5　職業訓練に関すること。 6　労働福祉に関すること。 7　職業訓練センターに関すること。 8　勤労者総合福祉センターに関すること。

【D自治体】

　産業振興課において、産業政策の企画・調整、商工業の振興を担当し、企業立地、起業支援、労働政策は産業立地・就業支援課が担当するという役割分担がされています。

課	係	事 務 分 掌
産業振興課	企画調整係	1　産業振興に係る総合的な企画及び調整に関すること。 2　産業振興に係る調査研究、情報収集及び分析に関すること。 3　所属部及び所属課の庶務並びに所属部内の連絡調整に関すること。
	商業係	1　商業の振興、指導及び調査に関すること。 2　中小企業等の金融に関すること。 3　商業及び貿易団体に関すること。
	工業係	1　工業の振興、指導及び調査に関すること。 2　工業団体に関すること。 3　地場産業の育成に関すること。 4　計量に関すること。

Ⅲ　商工課の役割

課	係	事 務 分 掌
産業立地・就業支援課	産業立地係	1　産業の立地、指導及び調査に関すること。 2　立地基盤の整備に関すること。 3　創業支援施設に関すること。
	就業支援係	1　就業支援に関すること。 2　勤労者の金融に関すること。 3　労働相談に関すること。 4　労働福祉に関すること。 5　勤労者福祉施設の設置に関すること。 6　勤労青少年ホームの管理運営に関すること。 7　勤労婦人センターの管理運営に関すること。 8　勤労福祉会館の管理運営に関すること。 9　勤労者総合福祉センターの管理運営に関すること。

【E自治体】

　水戸市の商工課と同様、かなり幅広い範囲を担当していますが、その分、係を細分化して、係ごとにそれぞれ産業政策分野（計量事務等はここが担当）、商業振興分野、工業振興・企業誘致分野、労働政策分野を担当しています。

課	係	事 務 分 掌
商工労働政策課	産業政策係	1　産業振興に係る総合企画及び総合調整に関すること。 2　経済情報の調査、収集及び提供に関すること。 3　経済関係団体への補助金及び同団体との連絡調整に関すること。 4　道の駅地域振興施設の指定管理者による管理に関すること。 5　大規模集客施設に関すること。 6　計量法（平成4年法律第51号）に基づく事務に関すること。 7　家庭用品品質表示法（昭和37年法律第104号）に基づく表示監視に関すること。 8　電気用品安全法（昭和36年法律第234号）に基づく表示監視に関すること。 9　ガス事業法（昭和29年法律第51号）に基づく表示監視に関すること。

13

第1章 ┃ 商工課とはどんなところ？

商業振興係	1 商業の振興及び企画に関すること。
	2 商業関係団体との連絡調整に関すること。
	3 大規模集客施設（商業に関するものに限る。）に関すること。
	4 中小企業の金融対策及び経営相談に関すること。
	5 商店街振興組合法（昭和37年法律第141号）に基づく商店街振興組合の設立の認可等に関すること。
	6 中小小売商業振興法（昭和48年法律第101号）に基づく高度化事業計画の認定等に関すること。
工業・新産業振興係	1 鉱工業の振興に関すること。
	2 新産業の創出促進及び振興に関すること。
	3 企業誘致及び事業所立地に関すること。
	4 大規模集客施設（工業に関するものに限る。）に関すること。
	5 工業団地等の適地対策に関すること。
	6 工業関係団体との連絡調整に関すること。
	7 工場立地法（昭和34年法律第24号）に基づく特定工場の新設等の届出の受理等に関すること。
勤労係	1 勤労者の福祉に関すること。
	2 勤労者融資に関すること。
	3 雇用対策に関すること。
	4 就労対策に関すること。
	5 勤労者福祉関係行政機関及び関係団体との連絡調整に関すること。
	6 職業相談に関すること。
	7 企業内人権啓発の推進に関すること。

3 自治体の独自政策が重要

　商工課は、地域経済の活性化を目指し、地域の産業政策の一翼を担う組織なのですが、これまで、産業政策といえば、主に国が作り、国が進めていくものであるという考えが主流でした。多くの自治体においては、国が策定した政策メニューに乗るか乗らないかという判断を求められる一方で、独自に地域の産業政策を創り出し、それを積極的に実施するという事例は、まだまだ少ないのではないでしょうか。

　もちろん国が行う産業政策により、産業振興が図られ、効果の度合いは別としても国全体の経済発展に寄与しているでしょうし、国が実施した方が効果的な政策も多々あることから、引き続き、国が産業政

策を進めることは必要であると思います。

　しかしながら、大都市圏と地域の経済格差等が広がり、地方創生が進められる中にあって、地域の経済基盤安定のためには、自治体が独自に産業政策を展開することが重要になってきています。

　それは、地域社会の実情や地元の企業活動の実態を熟知したきめ細かな施策の展開が期待できる市町村レベルの自治体が中心となり、積極的に産業政策に取り組むことで、地域における雇用増、所得増とそれによる税収増につながる産業振興をより有効に進めていくことが可能となるからにほかなりません。

　一方、それぞれの地域において産業構造などの実情が異なるとともに、社会経済環境の状況も変化していくため、自治体の産業政策において、「これが正解」「これをやっていればどこでも間違いなく効果が出る」というものはありません。

　また、産業政策は、短期間で施策の成果が表れにくいため、中長期的な視点で継続して取り組んでいく必要があります。

　そこで、地域の産業政策としての事業を実施していく場合は、事業を開始して一定期間を経た節目の時点で、当初設定した目標、戦略等に照らし合わせる形で、事業の進捗状況や成果、課題・問題点等について客観的な評価を行うとともに、事業を取り巻く環境の変化等が生じた場合も考慮して、柔軟な見直しを行いながら取り組むことが重要となります。

第 2 章

商工課職員としての
心得とシゴトのコツ

I 意識を変えよう

　商工課の職員として、自らが地域にとっての産業振興の必要性・重要性を十分に理解し、組織内の職員が皆で同じ方向を目指して仕事を進めていくためにも、問題意識を共有することが大事です。

　そして、地域の歴史や現状に目を向けるとともに、自分たちのまちはどのような産業構造になっているかなどを把握した上で、戦略的・計画的に産業振興施策に取り組む必要があります。

　これまで、自治体における企業支援などをはじめとした産業振興施策を進めるに当たっての伝統的な考え方は、公平性の原則等により、事業者と広く浅く付き合い、当たり障りのないよう対応するというものでした。

　しかしながら、今後は、機会の平等という公平性の原則は踏まえつつも、選択と集中という視点のもと、成長が期待される意欲ある企業をより重点的に支援することで、地域の経済財政基盤の強化を図るという考え方にシフトしていくことが求められます。

　そしてその結果として、雇用の増加や企業間の取引増加等による経済の活性化が促進され、それが稼げるまちの構築、税収の増加につながっていくんだという意識を常に持ちながら、各種の仕事に取り組むことが大事です。

　具体的な産業振興策の実行に当たっては、それを担う組織として、実務の担当者が、思い切って積極的な活動を展開できるような環境づくりに取り組むことも必要でしょう。

Ⅱ　コミュニケーションが大事

1　外部団体等との連携は必須

　商工課において仕事を進めていく上では、地域の中小企業者や事業者をはじめ、商工会議所や商店街団体、産業支援機関、ハローワークなど、外部団体等との連携を図ることが多くなります。

　例えば、地域経済発展のための団体である商工会議所とは、自治体の商工部門と目指す方向性が一致していることから、自治体から助成を行ったり、共同で事業を実施したりということが多々あります。そのため、協議や打ち合わせを行う機会が多くなり、商工会議所職員とのコミュニケーションは必須事項となります。

　また、地域の商店街においては、その活性化に向け、様々なイベントや販売促進のための事業を実施しており、それに対し自治体が何らかの支援を行っているケースも多くあります。こうして地域の商店街の発展のために汗を流している商業者の方々との交流を深めることも、商店主の現状や今何に困っているかなどを知ることができ、それが、効果的な施策の立案につながったりすることもあるでしょう。

　時には夜間の交流会や懇親会など、インフォーマルな場に参加することもあり、こうした場面で、官民の新たな人的ネットワークが形成される場合もあるのです。

　また、役所の知識やノウハウだけでは対応が困難な場合に遭遇することもあり、そうした時に助けてもらえる幅広い人脈をつくること、特に産業界や企業経営者、関係機関等との緊密な関係づくりに力を注ぐことが大事です。

　つまりは、これらの外部団体等との幅広い人脈を形成し、その関係

性を良好に保ち、お互いの信頼関係を築くことができれば、円滑に仕事が進めやすくなるとも言えるでしょう。

2　役所内での協力関係を築く

　商工課において仕事を進めていく上では、前述した外部団体だけでなく、観光部門や都市計画部門をはじめ、役所内の関係部署との間で、円滑な意思疎通を図り、連携・協力をしながら仕事を進めていくケースというのも多々あります。したがって、普段から、関係部署と情報交換したり、現況を確認し合ったり、実際に足を運んで担当者同士のフェイスtoフェイスの付き合いを行うことを心がけましょう。商工課だけでは分からないことや解決できない場面に出くわすこともあるので、そうした時に他部署との関係が構築されていれば、仕事のやりやすさが格段に違ってきます。

　また、担当者が仕事に取り組む中で、担当者だけは判断できない困難な状況が生じることもあります。そのような時は、一人で悩んだり、抱え込んだりせず、上司に相談しましょう。そのためには、まめに業務の進捗を報告するなど、日頃から上司とコミュニケーションを図り、困りごとやトラブルなどについても相談しやすい関係性を構築していくことを心がけることも大事です。

Ⅲ 積極的に外に出よう

　このように商工課において仕事を進めていくには、外内部問わず様々な方々とのコミュニケーションを図っていくことが必要であり、これは、机上での事務仕事に従事するだけではなかなか上手くいかないでしょう。

　もちろん、商工課においても机の上で進める事務仕事はそれなりにあり、いつも自席にいないというのは問題ではありますが、積極的に庁舎外に出て、外部の会合に出席したり、関係する事業者等のもとを訪れるなど、普段から顔を合わせて話をするような心構えが重要となってきます。

　そうして外へ出ることで、公式な会議などでは聞けないような、事業者の本音の生の声を聞けるかもしれません。

　また、外へ出ることの別のメリットとして、まちの動いている様子が感じ取れることがあげられます。例えば、商店街を歩いてみたときには、「空き店舗だったところに新しい店が入っているな」とか、逆に「あの店が閉店してしまっている」など、店舗の出退店の状況が分かったり、そのことにより、流行っているお店の傾向などが何となく分かったりします。

　こうした自分の目で見た状況にプラスして、統計データ等を照らし合わせることによって、仮説を立て、新たな政策の立案に役立てることにもつながります。

Ⅳ 国・都道府県の政策や経済の動向に敏感になろう

1 国等の政策方針や補助金は要チェック

　商工課の仕事を進めていくにあたっては、産業振興における国や都道府県の政策動向も見逃せません。なぜなら、国や都道府県においても各種の産業振興施策を展開しており、特にものづくり補助金など、設備投資などに活用できる補助金については、ニーズが高く、それに対する事業者からの問い合わせや相談があったり、自治体が意見書や推薦書を付して国等に申請をしたりするケースがあるのです。

　また、自治体が国の施策と連動させた施策を立案したり、逆に国等が手掛けていない領域を自治体でカバーすることもあるため、こういった場合、当然、国等の動向を把握していないと対応できなくなってしまいます。

　国や都道府県の中小企業支援策や産業振興策との連携を強化することで、支援できる幅が大きく広がります。

　さらには、市町村レベルの企業活動に密着した商工会議所、商工会、地域の中小企業支援センター（水戸市には茨城県の外郭団体で茨城県中小企業振興公社があります。）等における支援策との連携の強化や、そこで活躍するコーディネーター等の民間専門家との人的ネットワークを構築することも重要です。

　専門的なノウハウ等については、国や都道府県職員の方が長けていることが多く、情報量も豊富なため、国等の担当職員との人脈づくりに努めて、時には教えを乞うなどして学ぶことも必要です。

2　経済動向も押さえるべし

　また、経済動向に常にアンテナを立てておくことも重要です。国や地域の経済動向を全く無視して事業を進めていくと、ある時は効果的であったものが、経済情勢が変化した中で同じ事業を続けていても、それはもはや効果的でなくなり、そこに無駄な投資をしてしまいかねないからです。

　日頃から、新聞や雑誌などをはじめ、各種の媒体を通じ、経済動向を確認しながら、時代の変化に応じた施策を展開していくことが求められます。

3　他市の優良事例を調べよう

　先にも述べましたが、産業政策において一般解はなく、それぞれの自治体の実情や社会経済情勢によって、有効な施策は異なります。また、成果が表れるまでに長い期間を要するものもあります。

　そこで、自分の自治体において新たな施策についての仮説を立てたり、成果を予測するにあたっては、他市の事例が役立ちます。もちろん、単にそのままのものまねでは上手くいかないケースもあるのですが、自分たちの自治体の実情に合わせてアレンジするなど、工夫次第で有効な施策として活用することができます。いろいろな事例を調べ、自分なりにストックし、組織内で共有することで、自分たちのまちの産業振興施策の立案や推進に大いに役立てることができます。

　特に商店街活性化などの事例は、商店街の方々から求められることも多くあり、国や県で作成している事例集や商店街活性化支援センターで紹介している事例などを参考にしてみるとよいでしょう。

第2章 ┃ 商工課職員としての心得とシゴトのコツ

【参考：自治体（市区町村）における中小企業施策】

第4-1-2図　市区町村の中小企業施設策の実施状況（複数回答）

(%)

都道府県の支援分野	何かしらの支援制度を有している自治体の割合（n=871）	支援制度の内訳			
		融資・リース・保証	補助金・税制・出資	情報提供・相談業務	セミナー・研修・イベント
ものづくり・技術の高度化支援	47.6	24.8	55.9	59.5	25.3
新たな事業活動支援	56.4	31.8	59.5	49.1	20.2
創業・ベンチャー支援	56.1	38.0	53.4	54.0	30.7
経営革新の支援	35.7	20.6	22.5	65.9	21.5
経営力強化支援法に基づく支援	25.7	18.3	8.5	72.3	7.6
海外展開支援	29.9	6.9	31.5	63.1	21.9
技術革新・IT化支援	31.8	15.2	24.5	65.7	22.0
中小企業の再生支援	32.7	40.0	13.0	62.5	6.7
雇用・人材支援	62.2	5.0	51.7	58.1	33.6
下請中小企業の振興	31.2	34.2	19.5	61.4	11.8
経営安定支援	70.5	68.6	32.1	37.3	5.4
小規模企業支援	61.3	63.9	38.6	42.7	9.2
連携・グループ化の支援	33.2	8.3	23.9	66.1	22.5
エネルギー・環境対策支援	34.2	22.5	40.3	56.4	11.4
資金供給の円滑化・多様化支援	52.1	69.2	27.1	39.4	2.9
財務・税制支援	33.9	11.9	36.6	56.3	8.8
中小企業の事業承継支援	29.3	10.6	17.3	66.3	18.4
商業・物流支援	39.3	20.2	54.1	50.9	19.0

資料：中小企業庁委託「自治体の中小企業支援の実態に関する調査」（2013年11月、三菱UFJ
リサーチ＆コンサルティング（株））

（中小企業白書2014から抜粋）

商工課における課題

1　人材育成

　市町村の商工課においては、かなり広範な所掌事務を担当していることもあり、国や産業支援機関を持っている都道府県とは違い、商工行政の専門的な職員がいないという場合がほとんどではないかと思われます。

　そこで今後、市町村において産業振興を積極的に進めていくにあたっては、職員の中から、商工行政に係る意欲、能力の高い、キーパーソンとなり得る適任者を発掘して、配置、育成し、その人材を短期で異動させないという対応も有効と考えられます。外部の関係機関や企業との人間関係づくりには時間がかかるものであり、短期で異動してしまうと、せっかく形成した人脈をまた一からやり直すことになり、外部の方からも「どうせ行政はコロコロ人事異動させてしまうから、適当にかかわっておこう」という意識を持たれ、協働でまちをつくる視点でのハードルが上がってしまいがちになります。

　これまでの市町村における人事異動の考え方は基本的に数年サイクルで行うものというのが主流でありましたが、この産業振興分野に関しては、メリット、デメリットのどちらも考えられますが、じっくり腰を据えて業務にあたる職員の配置を検討するなど、これまでの人事の考え方を変えて取り組む必要があるかもしれません。

2　外部専門家等の活用

　先に市町村職員の人材育成の必要性について述べましたが、産業振興策を効果的に進めていくためには、内部の人材育成とあわせて、企

第2章 | 商工課職員としての心得とシゴトのコツ

業支援のノウハウ等を持つ職員を外から受け入れるのも一つの方策であると考えられます。

　企業支援としては、技術、経営、IT等の多様な企業ニーズに応えられることが求められ、こうした分野に関していえば、企業経験のない市町村職員が担うよりも、産業界の各方面、実状等に精通し、ビジネスセンスに優れた人材を専任職員として登用した方が、効果的な事業の推進が図られるのではないでしょうか。

　また、このように地域内外から登用した専門職員から、既存の市町村職員が様々な知識、ノウハウ等を吸収することができ、能力の向上が図られるとともに、その専門職員の持つ民間事業者等の人脈を生かした新たなネットワークの構築が期待できます。

　しかしながら、特定の分野を外部から招へいした専門職員に丸投げするのではなく、他の市町村職員と連携するとともに、それらの活動の成果評価を行いながら、実効性の高い活動を継続的に展開させるようにしていかなければなりません。

第 3 章

主なシゴトの内容

第3章 ┃ 主なシゴトの内容

┃Ⅰ┃ 水戸市の産業構造

1　第３次産業に特化した産業構造

　商工課における具体的な仕事をみていく前に、その前提として把握すべき水戸市の産業構造について触れておきたいと思います。

　水戸市の産業は、事業所数でいうと、第３次産業の割合が86.5％とその大半を占めています。業種別に見てみますと、卸売業・小売業が26.1％と一番多くなっており、次いで宿泊業・飲食サービス業が12.7％、建設業が9.4％、生活関連サービス業・娯楽業が9.3％という順となっています。

　さらに、水戸市における産業構造を就業者人口の推移から見ると、農業を中心とする第１次産業は、年々減少を続け、1975（昭和50）年に9.3％であったものが、2015（平成27）年には2.6％と激減しており、約5,100人の就業者が減少しています。

　第２次産業は、おおむね横ばいで推移していましたが、1995（平成７）年以降は減少傾向にあります。

　一方、商業・サービス業を中心とする第３次産業は、1975（昭和50）年の69.0％から2015（平成27）年には74.1％へと増加し、就業者も約３万2,000人の増となっており、水戸市においては、第３次産業に集中した産業特性が顕著になっています。

28

I　水戸市の産業構造

【水戸市における事業所数の推移】

（単位：所、%）

区分	平成21年		平成26年	
	事業所数	構成比	事業所数	構成比
第1次産業	24	0.2	24	0.2
農業、林業	23	0.2	23	0.2
漁業	1	0.0	1	0.0
第2次産業	1,951	13.4	1,842	13.4
鉱業、砕石業、砂利採取業	3	0.0	1	0.0
建設業	1,386	9.5	1,294	9.4
製造業	562	3.8	547	4.0
第3次産業	12,630	86.5	11,924	86.5
電気・ガス・熱供給・水道業	31	0.2	20	0.1
情報通信業	182	1.2	132	1.0
運輸業、郵便業	237	1.6	222	1.6
卸売業、小売業	4,007	27.4	3,603	26.1
金融業、保険業	354	2.4	354	2.6
不動産業、物品賃貸業	1,084	7.4	1,006	7.3
学術研究、専門・技術サービス業	790	5.4	758	5.5
宿泊業・飲食サービス業	1,947	13.3	1,749	12.7
生活関連サービス業、娯楽業	1,351	9.3	1,287	9.3
教育、学習支援業	543	3.7	566	4.1
医療、福祉	895	6.1	1,045	7.6
複合サービス業	55	0.4	46	0.3
サービス業（他に分類されないもの）	1,067	7.3	1,037	7.5
公務	87	0.6	99	0.7
合計	14,605	100.0	13,790	100.0
合計（事業内容等不詳を含む）	15,513		14,357	

（資料）事業所・企業統計調査、経済センサス基礎調査

第3章 ┃ 主なシゴトの内容

【水戸市における産業別就業者人口の推移】

各年10月1日現在（単位：人、％）

区分	就業者総数	第1次産業		第2次産業		第3次産業	
		就業者数	構成比	就業者数	構成比	就業者数	構成比
昭和50年	90,580	8,406	9.3	19,384	21.4	62,476	69.0
昭和55年	98,797	7,079	7.2	21,264	21.5	70,355	71.2
昭和60年	107,542	6,184	5.8	23,028	21.4	78,193	72.7
平成2年	115,125	5,106	4.4	24,896	21.6	84,608	73.5
平成7年	123,910	5,416	4.4	25,757	20.8	91,926	74.2
平成12年 （内原地区を含む。）	128,505	5,261	4.1	26,487	20.6	95,048	74.0
平成17年	124,716	4,973	4.0	22,848	18.3	95,016	76.2
平成22年	125,207	3,475	2.8	21,880	17.5	92,296	73.7
平成27年	127,846	3,283	2.6	23,551	18.4	94,739	74.1

注1　就業者総数には、「分類不能」の数値を含む。　　　　　　　（資料：国勢調査）
　　2　就業者総数、就業者数は、常住地における数値である。

中心市街地活性化

1　現況と課題

　水戸市の商工課における重点事業として、地域経済の活力を高めるために重要な中心市街地の活性化があげられます。中心市街地活性化と一口に言っても、施策や事務事業としてみると、商店街活性化、空き店舗対策、再開発、イベント、道路整備、定住人口増加策、交通対策など、かなり広範囲の分野に及ぶため、個々の事業はそれぞれ所管課が異なっていたりするわけです。こうした中、水戸市の商工課は、役所内における中心市街地活性化の総合調整役を担い、個々の事業としては、商店街活性化や空き店舗対策などのソフト事業を行っています。大雑把なイメージとしては、ソフト事業を商工課、ハード事業を建設・都市計画部門が担うといったところでしょうか。

　もちろん、こうした役割分担は自治体ごとに異なっており、中心市街地活性化の総合調整を都市計画部門や政策企画部門が担っている自治体も多くあります。

　水戸市の中心市街地は、多くの店舗が集積し、商店街団体もその多くが中心市街地に立地しているという特性があり、以前は中心市街地活性化＝中心商店街の活性化という側面もあったため、商工課が中心市街地活性化の総合調整の所管課として推移してきた経過があります。

　ただし、大規模小売店舗の郊外立地や消費者ニーズの多様化、インターネット環境の充実など、商店街を取り巻く環境は厳しい状況が続いており、今や中心市街地活性化＝中心商店街の活性化という構図は成り立たなくなりつつあります。

　これからの中心市街地の活性化には、商業機能だけでなく、業務、

第3章 ┃ 主なシゴトの内容

教育、医療など、様々な機能を集積させ、居住環境の充実やアクセス機能の向上を図るなど、総合的に施策を展開していくことが求められます。

　水戸市の都市核である中心市街地は、様々な都市中枢機能が集積する「まちの顔」として、商業をはじめ、業務、行政、教育、医療、居住機能など、地域経済の発展に重要な役割を果たしてきました。

　しかしながら、長引く景気の低迷とともに、消費者ニーズの多様化、郊外への大規模小売店舗の立地の進行などを背景として、歩行者通行量調査において、10年前（2003年度）に比べ、約２割減少しているほか、空き店舗が依然として多く見受けられるとともに、大型商業施設の撤退が続くなど、中心市街地を取り巻く状況はさらに厳しさを増しています。

　中心市街地の活力の低下は、地域経済、雇用等に悪影響を及ぼし、まち全体の停滞につながることから、水戸市においても、県都にふさわしい魅力と活力あふれる中心市街地の再生に向け、空き店舗対策をはじめ、商業の活性化に資する施策を推進するほか、泉町１丁目南地区や大工町１丁目地区の再開発事業を進めるなど、交流拠点づくりにも取り組んできました。

　中心市街地は、時代の要請を踏まえたコンパクトなまちづくりの核となり、地域経済の発展と水戸市の魅力・活力を発信していく上で、欠かすことのできない重要な地区として、既存資源の有効活用や都市中枢機能の集積を図りながら、都市核の強化に向け、より一層の活性化への取組を推進していく必要があります。

　そのためにも、中心市街地における人々の交流を促進し、多様なにぎわいの創出に向け、若者やまちづくり団体など、市民主体の活動を通したまちなかの魅力を高めていくことが求められています。また、再開発等による新たな交流拠点の形成を図るとともに、偕楽園をはじ

め、弘道館や水戸芸術館など、都市核に存在する歴史、文化的資源の魅力を有効に活用し、まちなかの回遊性を高めることも必要です。

活力あふれる中心市街地としていくためには、人々をひきつける魅力と個性豊かな商業空間の形成に向けた商店街団体の活性化への取組や空き店舗、大規模低・未利用地等の有効活用を促進していくことも課題となってきます。

さらには、人と環境にやさしいまちなか交通体系の確立や、まちなか居住を推進するなど、人々が集い、暮らし、活動する中心市街地としての再生に総合的に取り組んでいくことが求められています。

2　基本計画の進行管理

先に、中心市街地における現況と課題をみてきたところですが、水戸市においては、活性化のための中長期的ビジョンを示した「水戸市中心市街地活性化ビジョン」を2014（平成26）年度に、そのビジョンから重点的なエリアを絞り込み、短期集中的に取り組む事業を位置づけた「水戸市中心市街地活性化基本計画」を2016（平成28）年度に策定し、各種の事業を進めているところです。

そして、この「水戸市中心市街地活性化基本計画」は、中心市街地の活性化に関する法律に基づき内閣総理大臣の認定を受けた基本計画であり、基本計画に位置づけた事業については、国から各種の支援措置を受けられることとなっています。

この基本計画に位置づけた各種事業の推進は、商工課を含むそれぞれの事業の所管課が行うこととなっていますが、その他、商工課は基本計画全体の総合調整の役割を担っており、計画に位置づけられた事業の進捗状況を把握し、それぞれの事業が円滑に進められるよう、必要に応じ、事業担当課と連携しながら取り組んでいます。

また、中心市街地の活性化に関する法律において、市町村が作成し

第3章 ┃ 主なシゴトの内容

ようとする基本計画並びに認定基本計画及びその実施に関し、必要な事項その他活性化の総合的かつ一体的な推進に関する必要な事項について協議するため、「中心市街地活性化協議会」を組織することができると規定しており、水戸市においては、水戸商工会議所とNPO法人が共同で協議会を組織しています。他のメンバーとしては、大学、大型店、商店会連合団体、地域金融機関、交通事業者などがおり、民間団体を中心に構成されています。

　この組織は、民間主体の事業の調整役として中心的な役割を担う重要な機関であり、計画の推進にあたっては、市と協議会が緊密な連携を図りながら取り組んでいく必要があります。

【水戸市中心市街地活性化基本計画の推進体制関係図】

【水戸市】
○水戸市中心市街地活性化推進委員会
• 事業推進
• フォローアップ

連携

【事業実施主体】
商工会議所、商店街団体、民間事業者、市民団体、各種団体など

協議　意見・提案　連携　総合調整　連携　意見・提案　協議

【水戸市中心市街地活性化協議会】
• 水戸市が作成する中心市街地活性化の計画及びその実施に関しての意見
• 事業の総合調整
• 調査研究
• 勉強会、研修及び情報
• 活動の企画及び実施

　また、水戸市の基本計画の概要については、次のとおりとなっています。

Ⅱ　中心市街地活性化

【水戸市中心市街地活性化基本計画の位置づけ】

水戸市中心市街地活性化ビジョン
　〔計画期間〕　2015（平成27）～2023（平成35）年（9年間）
　〔計画区域〕　約570ha（都市核）

⇩　集中的な取組

水戸市中心市街地活性化基本計画
　〔計画期間〕　2016（平成28）年7月～2022（平成34）年3月（5年9か月）
　〔計画区域〕　約157ha（都市中枢ゾーン）

【計画区域の関係図】

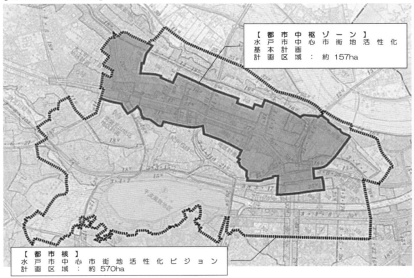

35

【計画の基本的方向】

(1) 将来像

> 多様な人々が集い、暮らし、働き、皆が魅力を味わえる、
> 快適でにぎわいのある水戸のまちなか

(2) 基本方針

- 基本方針1　人々が訪れたくなる魅力づくり
- 基本方針2　人々が暮らしたくなる快適空間づくり
- 基本方針3　地域経済をけん引する活力づくり

(3) 活性化の地区別方向性

各地区の特色を踏まえ、求められる都市機能の更なる集積と向上を図る。

- 【水戸駅周辺地区】　人々を迎える歴史の薫るまち
- 【南町周辺地区】　業務機能と暮らしが両立するまち
- 【泉町周辺地区】　芸術・文化の中心としてのまち
- 【大工町周辺地区】　飲食業等の集積を生かしたもてなしのまち

Ⅱ　中心市街地活性化

（4）主要事業

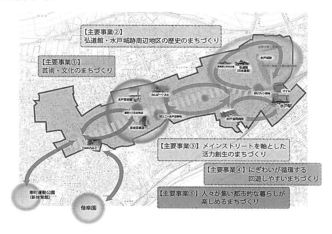

主要事業①　芸術・文化のまちづくり

　本市の都市的な魅力を創造し、質の高い芸術文化を発信する水戸芸術館の隣接地において、新市民会館を整備し、多様な人が集い、多彩な文化が集積する芸術文化の拠点を形成する。

- 泉町1丁目北地区市街地再開発事業
- 新たな市民会館整備事業
- コンベンション誘致活動の推進
- 水戸芸術館パートナーショップ制度の導入、推進
  など

主要事業②　弘道館・水戸城跡周辺地区の歴史のまちづくり

　水戸の歴史の象徴でもある弘道館・水戸城跡周辺地区においても、歴史的建造物である大手門や二の丸角櫓の整備をはじめ、水戸の歴史が感じられる景観づくりを進めるとともに、世界遺産登録に向けた取組を推進していくなど、歴史のまちづくりとしての拠点を形成

第3章 ┃ 主なシゴトの内容

する。

- ・弘道館・水戸城跡周辺地区における道路空間整備事業
- ・弘道館・水戸城跡周辺地区における歴史的景観づくりの推進
- ・水戸城建造物の整備（大手門・二の丸角櫓・土塀）
- ・世界遺産登録推進事業
  など

主要事業③　メインストリートを軸とした活力創生のまちづくり

　水戸駅北口から大工町に至るメインストリートである国道50号を軸とした区域である中心市街地（都市中枢ゾーン）において、大規模未利用地を活用し、居住機能を柱とした複合的な機能を持つ開発を促進するほか、まちなかへの企業誘致を推進するなど、商業・業務をはじめとした様々な都市機能を集積し、魅力ある都市空間を形成する。

- ・水戸駅北口地区のまちづくりの推進（旧リヴィン跡地）
- ・企業誘致推進事業
- ・中心市街地における商業施設等の立地促進事業
- ・空き店舗対策事業
- ・まちなかリノベーション事業
- ・コワーキングスペース運営事業
  など

主要事業④　にぎわいが循環する回遊しやすいまちづくり

　本市の玄関口である水戸駅をはじめ、水戸芸術館、新市民会館、弘道館・水戸城跡はもとより、隣接地区にある本市を代表する歴史

Ⅱ　中心市街地活性化

資源である偕楽園や、スポーツコンベンション施設である東町運動公園の拠点の機能を高めるとともに、新たな人の流れを適切に誘導する周遊バスなど、バスサービスの充実を図る。

・周遊バス運行等による観光資源間の移動利便性向上事業
・散策ルートを活用した観光資源と周辺市街地の回遊性向上事業
・公共交通の利便性向上（バスサービスの充実）
・バス路線の再編
・レンタサイクル事業の推進
　　など

主要事業⑤　人々が集い都市的な暮らしが楽しめるまちづくり

　本市の目指す多極ネットワーク型のコンパクトシティの実現に向け、その核となる中心市街地（都市中枢ゾーン）において、多くの市民が集い、都市的な暮らしが楽しめるよう、まちなかの居住環境の整備を図る。

・まちなか共同住宅整備促進事業
・子育て世帯まちなか住みかえ支援事業
・住宅リフォーム助成事業
　　など

（5）目標
○「基本方針１：人々が訪れたくなる魅力づくり」に基づく目標

重点目標１　まちなかのにぎわいを創出する

　新たな交流拠点づくりや歴史、文化等の資源を活かした事業を進め、それらをネットワーク化することで回遊性を高めるなど、人々が集まるまちなかを目指す。

39

また、都市機能の強化と一層の集積を図るほか、まちなかで活動する人々が主役となった、多様な交流を創出する環境づくりに取り組む。
　これらを踏まえ、目標指標として、「歩行者通行量」を設定する。

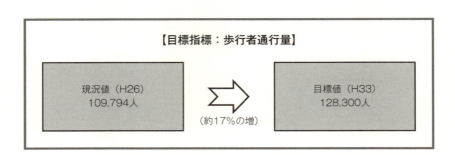

○「基本方針2：人々が暮らしたくなる快適空間づくり」に基づく
　目標
重点目標2　まちなか居住を促進する
　人々が住みやすいまちを形成するため、まちなか居住を推進するとともに、人と環境にやさしい交通体系の確立に向け、歩いて楽しめる道路空間整備等を進めるほか、買い物をはじめとした生活利便性の向上を図るなど、居住環境の充実に取り組む。
これらを踏まえ、目標指標として、「居住人口」を設定する。

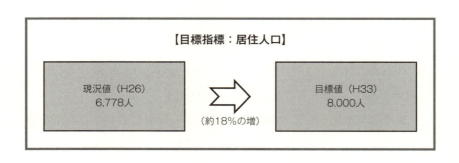

○「基本方針3：地域経済をけん引する活力づくり」に基づく目標
重点目標3　生活利便機能を再生する

　まちの活性化においては、地域経済の活性化が重要な原動力となることから、まちなかの生活利便機能の再生に重要な役割を果たす商業・業務機能の誘致や新たに事業を志す起業家の育成・支援を進める。

　これらを踏まえ、目標指標として、「空き店舗率の減少」を設定する。

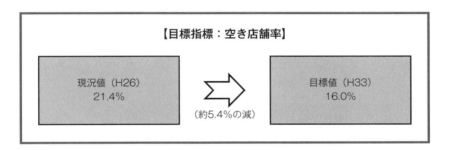

3　空き店舗対策

　我が国の多くの地方都市の中心市街地の衰退に歯止めがかからない中、中心市街地の空き店舗の上昇が続いています。

　中小企業庁においては、3年に1度、全国の商店街に対し、景況や直面している問題、取り組んでいる事業等についての調査を実施しており、最新の「2015（平成27）年度商店街実態調査」によると、空き店舗率は13.17％であり、2009（平成21）年度の実態調査で初めて10％を超えて以降、上昇傾向にあります。

　水戸市の商店街は、中心市街地に多く立地している状況にあり、空き店舗率の上昇は、水戸市の顔となる中心市街地のイメージダウンにつながるものであることから、空き店舗率の低下に向けた取組を進め

ています。

　具体的には、空き店舗を活用して新たに出店する場合における改装費の一部を補助することで、新規出店に係る初期負担を抑制し、空き店舗を活用した出店を促進する取組（商店街空き店舗対策事業補助金）を行っています。

　この補助金の概要等については、次のとおりとなっています。

【水戸市商店街空き店舗対策補助金の概要】

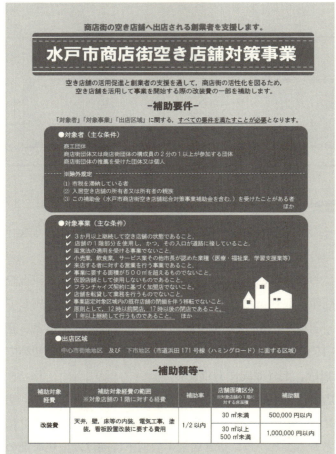

Ⅱ　中心市街地活性化

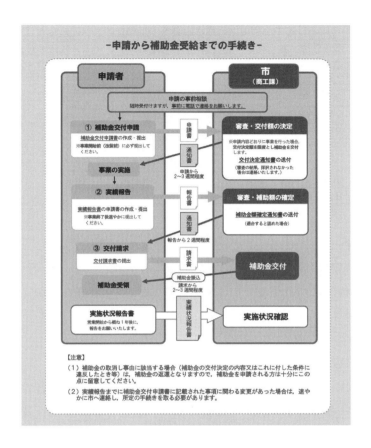

　この事業を活用し、中心市街地の空き店舗に出店した店舗数は、2004（平成16）年度の制度創設以降、2016（平成28）年度までに60店舗以上となりますが、様々な要因により、それ以上に空き店舗となる数が多い状況となっており、水戸市の中心市街地における空き店舗率は、特に2011（平成23）年の東日本大震災以降、上昇傾向にあります。

　したがって、空き店舗対策について、店舗改装費への補助にとどまらず、他の補助制度との併用も含めて、随時見直しながら、より効果的な施策となるよう、引き続き、推進していくことが求められます。

【水戸市における中心市街地の空き店舗率の推移】

年　度	空き店舗率
2008（平成20）年度	14.8%
2009（平成21）年度	15.2%
2010（平成22）年度	15.2%
2011（平成23）年度	16.8%
2012（平成24）年度	18.1%
2013（平成25）年度	21.1%
2014（平成26）年度	21.4%
2015（平成27）年度	22.0%
2016（平成28）年度	23.3%

4　イベント

　まちなかのにぎわい創出のためのソフト事業の一つとして、イベント事業にも積極的に取り組んでいます。ここでは、「水戸まちなかフェスティバル」についてご紹介します。

（1）水戸まちなかフェスティバル

　「水戸まちなかフェスティバル」は、水戸市の中心市街地を舞台に、メインストリートである国道50号の約1.5キロメートル区間を歩行者天国にして実施するものです。

　このイベントは、2011（平成23）年3月に起きた東日本大震災からの復興の原動力とし、商業や観光の振興とまちなかの活性化につなげるために2012（平成24）年から開始されたものです。

　その後、回数を重ねるごとに年々来場者数も増加し、今やまちなかのにぎわいづくりに貢献する大きなイベントの一つとして定着してきており、第6回目となる2017（平成29）年9月の開催においては、過去最多の来場者数10万2,000人となりました。

　本イベントは歩行者天国上を中心にアート、ワークショップ、エンターテインメント、スイーツ、グルメ、マーケットなどをテーマとし

た様々な催しを実施しており、その催しの数も約70と、今では開催当初の３倍を超える数にまで拡大してきています。

　イベント当日の運営には、多くのボランティアの方々にも参画していただいており、近年は特に若い人たちに関心を持ってもらいたいとの考え方のもと、市内にある大学や高校との連携を図り、多くの学生から協力をいただき運営に携わっていただいています。

　また、イベントを一過性のものに終わらせず、日常的なまちなかのにぎわいにもつなげていく取組として、水戸まちなかフェスティバルの来場者に、中心市街地にある魅力的な店舗を知ってもらい、普段から足を運んでもらうことを目的に、各店舗のおススメ商品やサービスを100円や500円のワンコインの価格で提供してもらい、マップを見ながら各店舗を回遊できるようなスタンプラリー事業を同時開催しています。イベントとの相乗効果で、多くの集客を実現する店舗もあるなど、店主、お客さんの両方から好評を得ています。今後も、本イベントを日常的なにぎわいにつなげていけるよう、様々な仕掛けをしていく必要があると考えています。

　このイベントは毎年秋（９月下旬～10月下旬）に開催しており、開催までの事務作業の流れは概ね以下のようになります。関係する団体

【水戸まちなかフェスティバル開催までの事務の流れ】

時期	事務内容
４月	開催概要作成
５月	出展者の募集
６月	実行委員会の開催、ステージ等出演者募集
７月	ガイドブックの作成、広報活動 出展団体との調整
８月	各種委託業務の推進、ガイドブックの校正 広報活動、出展団体との調整
９月	各種説明会の開催、広報活動 各種委託業務の推進 イベント開催

が多く、その調整に多くの時間がかかることや、国道を約1.5キロメートルにわたって交通規制するための警察署との協議、様々な委託業務が発生することなどもあり、準備から開催までに約半年の期間を要しています。

【水戸まちなかフェスティバルの様子】

Ⅲ 企業誘致

　一般財団法人日本立地センターが実施したアンケート調査（2017（平成29）年１月～２月調査）によると、企業誘致については、非常に多く（約８割）の地方自治体が取り組んでいます。

　その企業誘致の取組内容としては、「工場跡地・遊休地、空き工場等の情報収集・提供」「特定の業種・業態等に絞った優遇措置の実施」「条例・規制緩和の実施」が上位となっています。

　このように、多くの地方自治体が様々な取組を行っており、企業誘致をめぐる都市間競争は激しさを増しています。

　このような中、各地方自治体がその地域の特性を生かし、企業にとっていかに魅力があるかという点を打ち出せるかが重要な要素となってきます。

　水戸市は、前述したとおり、第３次産業に集中した産業特性を持っていますが、魅力と活力あるまちづくりを推進するためには、バランスの取れた産業の振興が不可欠であり、さらなる工業系事業所の集積と機能強化を図るため、既存企業の経営体質改善・強化や新たな産業を支援するとともに、就業機会の拡大の観点からも、新たな事業所立地を一層推進していくことが求められています。

　また、中心市街地においては、大型小売店舗の撤退等により、空きビルや空地のまま放置される事例が生じ、まちの活力低下につながることが危惧されることから、中心市街地における商業施設等の立地を図るとともに、空地や空きテナントを減らして都市機能を集積させ、密度の高い都市を目指した施策に取り組む必要があります。

　このようなことから、水戸市においては、2014（平成26）年度か

ら企業が立地判断をするうえで、経済的インセンティブとなる魅力ある助成制度及び固定資産税の免除制度を新たに立ち上げるとともに、専門の企業誘致コーディネーターを配置し、積極的かつきめ細かな誘致活動を展開しているところです。

【企業誘致支援制度の考え方（2014（平成26）年制度導入時）】

・中心市街地においては、多様な都市機能の充実と低未利用地の解消を図るため、商業施設や事業所などを幅広く誘致します。
・工業地域等について、製造業や卸売業など、雇用拡大が大きく見込める業種を中心に誘致します。
・初期投資から運転資金の軽減まで、事業活動の段階に応じた支援を行います。
・多様な企業立地の形態に対応した、きめ細かい支援を行います。
・既存事業所等の業務拡大に対応した支援を行います。
・他市と比較しても優位性の高い市独自の支援制度です。

【支援制度のポイント（2014（平成26）年制度導入時）】

・事業所等の新増設に係る費用に対して、補助率として５％、２億円を上限に補助します。
・固定資産税・都市計画税を３年間免除します。
・市民の雇用人数に応じて３年間の雇用奨励金があります。
・テナント入居も支援の対象とし、入居時の整備費のほか、３年間の家賃補助を行います。
・工場等の立地に際して土地取得から行う場合、造成等のインフラ整備分を上乗せで補助します。
・環境配慮施設の整備について上乗せで補助します。

Ⅲ　企業誘致

【水戸市企業立地促進補助金の概要】

水戸市への立地に係る優遇制度（水戸市企業立地促進補助金）

1 新増設に係る用地、償却、償却資産取得費の
5% を補助（最大2億円）

2 用地の造成に係る費用の
1/3 を補助（最大5千万円）

3 環境配慮施設導入費用を
100万円 を補助（補助率1/3以内）

4 雇用奨励金（1人あたり）
10万円/年 を補助（最長3年）

5 固定資産税及び都市計画税の課税免除
新設に伴い取得した用地、建物、償却資産の課税を3年間免除

6 賃借物件の場合、改装、償却資産取得費の
1/3を補助 （最大200万円）

7 賃借物件の場合、月額賃借料を3年間
最大15万円/月補助（補助率1/10以内）

対象要件
○水戸市民を5人以上、新たに雇用（健康保険法第5条第1項又は第6条に規定する被保険者）すること。
○事業の用に供する床面積が500平方メートル以上（新設・増設）であること。
※事業者の所在地は市内・市外を問わず、要件を満たせば利用できます。

対象業種
○製造業、卸売業、自動車貨物運送業、コールセンター業、学術研究機関等
※都市核に立地する場合は商業施設や業務系のオフィスなど、ほぼ全ての業種が対象となります。

上記補助金に津波原子力災害被災地域雇用創出企業立地補助金（国の補助金。補助率1/4～1/10）等を組み合わせることで更に負担を軽減できます。

水戸市の中心市街地（都市中枢ゾーン）への立地に係る優遇制度
※水戸市企業立地促進補助金より要件を緩和しております。

8 賃借物件の改装、償却資産取得費を面積に応じて段階的に補助（補助率1/3）

上限額		
100㎡以上200㎡未満	200万円	
200㎡以上300㎡未満	300万円	+ 雇用した従業員が3人以上の場合
300㎡以上400㎡未満	400万円	100万円
400㎡以上	500万円	

対象要件
○水戸市民を1人以上、従業者として雇用（健康保険法第5条第1項又は第6条に規定する被保険者）すること。
○事業の用に供する床面積が100平方メートル以上であること。

対象業種
○商業施設や業務系のオフィスなど、ほぼ全ての業種

ご希望に合わせた用地、紹介できます！
　水戸市の地価は、東京から同じ100km圏の宇都宮、高崎と比較しても安く取得することができます。
　また、水戸市では茨城県宅地建物取引業協会との協定締結により事業用地等、ご希望の物件情報を提供するシステムを有しております。
　現在、工業地域、準工業地域、商業地域に多数の物件情報を保有しております。常磐自動車道、北関東道のアクセス良好な物件をはじめ、大小事業規模に合わせた事業用地・物件をご紹介できます。国や県の制度のことでも結構です。ぜひお問い合わせください。

地価の比較

水戸市	58,983円/㎡
さいたま市	241,766円/㎡
宇都宮市	70,300円/㎡
高崎市	60,600円/㎡
東京都	440,383円/㎡

※平成23年度地価公示価格の平均値

第3章 ┃ 主なシゴトの内容

Ⅳ 創業支援

　日本の開業率は欧米諸国と比較すると半分程度（5.2%）にとどまっており、特に地方における開業率が低迷しています。また、中小企業数は1999（平成11）年の484万社から、2014（平成26）年は381万社へと減少し、従業員数も減少しています。

　このような状況の中、民間の活力を高めていくためには、地域における開業率を引き上げ、雇用を生み出し、産業の新陳代謝を進めていくことが重要であることから、2013（平成25）年6月に閣議決定された「日本再興戦略」においても、こうした問題意識から「開業率・廃業率が米国・英国レベル（10%台）になることを目指す」ことを目標として掲げています。そして、この目標の実現に向け、2014（平成26）年1月20日に施行された産業競争力強化法では、地域の創業を促進させる施策として、市区町村が民間事業者と連携し、創業支援を行っていく取組を応援することとしています。

　これまで、水戸市における創業支援といえば、前述した空き店舗への出店のための改装費助成のほか、外郭団体が実施する創業セミナーへの補助を行っていましたが、他市に誇れるほど積極的に取り組んできたとはいえない状況でした。

　しかしながら、前述した産業競争力強化法の制定以降、「水戸市創業支援事業計画」を策定するなど、関係機関と連携しながら施策の充実に努めており、今や水戸市の重点的に推進すべき取組の一つとなっています。

　こうした創業支援という新たな産業の創出につながる施策の実施に当たっては、地域内外の経営資源、産学官のネットワーク等を最大限

IV　創業支援

に生かした継続的な取組が必要であり、ネットワーク間のコーディネーションが重要となります。

【産業競争力強化法における創業支援スキーム】
3．産業競争力強化法における地域における創業支援スキーム

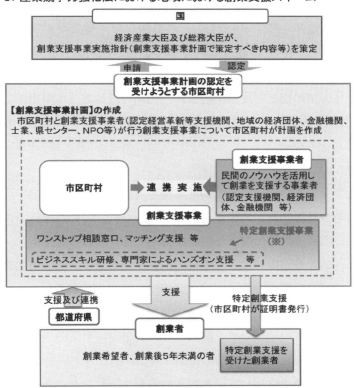

（産業競争力強化法における市区町村による創業支援のガイドラインより）

1　創業支援事業計画

「産業競争力強化法」においては、地域の創業を促進させるため、

第3章 ｜ 主なシゴトの内容

市区町村が民間の創業支援事業者（地域金融機関、NPO法人、商工会議所・商工会など）と連携して、ワンストップ相談窓口の設置、創業セミナーの開催、コワーキング事業等の創業支援を実施する「創業支援事業計画」について、国が認定する制度を規定しています。

この創業支援事業計画は、2017（平成29）年3月の時点において、日本全国で1,133件（1,275市区町村）、うち関東経済産業局の管内では347件（359市区町村）が認定されており、各市区町村が民間の創業支援事業者と連携した創業支援活動を展開しています。

水戸市では、国の認定制度が創設された初期の段階で「水戸市創業支援事業計画」を策定し、2014（平成26）年6月の第2回認定において、国の認定を受けました（この時点では、全国168件、177市区町の認定実績でした。）。

そして現在は、その認定された創業支援事業計画に基づき、商工会議所や地域の金融機関などの事業者と連携しながら、各種の支援事業に取り組み、水戸市全体における創業を促進しているところです。

連携の具体的な方策の一つとしては、創業支援事業者や関係機関で構成する「水戸市創業支援ネットワーク協議会」を設置しており、定期的に開催する協議会を通じて、関係機関の間で各種情報・意見交換を行うことで、事業の相乗効果を高めたり、創業支援事業の円滑な推進や新規支援施策の立案等に寄与しています。

今後は、関係機関で実施している事業や情報を集約したうえで、分かりやすく発信し、創業を志す方への利便性を高めていくことが求められます。

IV　創業支援

【水戸市創業支援事業計画の概要】

市区町村	水戸市
創業支援事業者	（一財）水戸市商業・駐車場公社、水戸商工会議所、 （一社）茨城県中小企業診断士協会、茨城県信用保証協会、水戸信用金庫、 日本政策金融公庫、株式会社常陽銀行
概　　要	水戸市においてはこれまで、創業希望者に対する支援を各機関が個別に実施してきたが、本計画により、市が創業支援の体制整備に総括的な役割を担うとともに、市と創業支援事業者がそれぞれ連携し、創業塾、起業相談、インキュベーション、融資、助成、販路開拓まで、創業者の事業活動の段階に応じた、多様な支援策を実施することにより、創業を促進する。 　この計画の実施により、新たに年間１０３件の創業の実現を目指す。
年間目標数	創業支援対象者数：５２６件　　　創業者数：１０３件
特　　徴	

2　コワーキングスペース水戸

　水戸市は、2016（平成28）年３月、起業・創業を目指す若い事業者等を支援し、産業の活性化、地域経済の活性化を目指すため、新たな働き方を実践する場として、異業種が集まって仕事ができる共有オ

53

フィス「コワーキングスペース水戸　ワグテイル」をオープンさせました。このコワーキングスペース水戸は、技術系ベンチャー企業の経営者や、起業を目指す若者の交流の場を設け、新たな仕事の機会につなげてもらうことを狙いとしており、起業家のためのセミナーなども開催しています。設置者は市で、運営は市の外郭団体で商業振興を担っている市商業・駐車場公社が行っています。

　同スペースは、空きビルであった１階と２階部分の計約254㎡のフロアを利用し、共有オフィスやプロジェクターが設置された交流空間など、計６スペースを提供しています。あわせて作業スペースも設けており、データから立体を作成する「３Dプリンター」を利用し、技術やデザインを形にできる環境も用意しています。

　メンバー登録者は月額8,000円で全スペースを利用でき、メンバーに登録していない一般の人も共有オフィスは１日1,000円で利用可能となっています。

　施設の愛称、「ワグテイル」は水戸市の鳥「ハクセキレイ」の英名「ホワイト・ワグテイル」に由来しており、若手の起業家が集まり、羽ばたいていってもらいたいとの願いを込めて命名したものです。

【施設概要】

　ア　施設名：コワーキングスペース水戸

　　　愛　称「Wagtail（ワグテイル）※」

　　　※水戸市の鳥「ハクセキレイ」（英名：White Wagtail）から命名

　イ　所在地：南町３丁目３番35号　栗原ビル１F

　ウ　営業時間：午前９時から午後８時まで

　エ　開館日時：平日、土曜日（祝日、年末年始は休館）　９時～20時

　オ　機能一覧

Ⅳ　創業支援

機能（利用定員）	内　　容
コワーキング スペース （8名程度）	新しい共有オフィスの環境の中で、個人が独立して働きながら、相互にアイデアや情報を交換することで生まれる相乗効果を高めるものです。また、様々なアイデアを形にするものづくり空間を併設し、登録利用者に貸し出します。
会議スペース （6名程度）	コワーキングスペースで生まれたアイデアや技術のプレゼンテーションや商談をする場となります。会議室、商談室としての貸し出しのほか、経営相談などを実施します。
イノベーション・ コミュニティスペース （15名程度）	創業支援等の各種セミナーや多業種交流イベントを行う場となります。また、ベンチャー企業と学生との情報交換交流会の場としての活用も図ります。
情報交流 スペース	中心市街地の交流拠点として、まちなか情報を発信します。

カ　フロアマップ

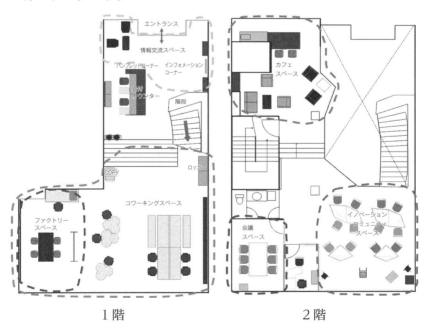

１階　　　　　　　　　　２階

キ　利用対象者

（基本条件）

・高校生を除く18歳以上の方

55

第3章 ┃ 主なシゴトの内容

・創業や起業に意欲のある方

・作業利用も可

（月額登録利用条件）

・市内で創業し、事業を行っている方

・創業し、新たな事業を立ち上げようと考えている方

※情報交流スペースについては、情報の収集を目的としている方で
　あればどなたでも利用できます。

ク　利用料金

	登録利用		一般利用（ビジター）	
	メンバー	法人メンバー（3人分）	1日利用	時間利用
利用料	8,000円／月	23,000円／月 1人追加で5,000円	1,000円/日	500円／4時間
入会金	5,000円	5,000円	―	―
利用施設	・コワーキングスペース　・ファクトリースペース　・カフェスペース			
会議スペース	無料 ※4日分事前予約可能。最大3か月先まで		500円/時間 ※2日分事前予約可能。最大3か月先まで	
イノベーション・コミュニティスペース	無料 ※4日分事前予約可能。最大3か月先まで		1,000円/時間 ※2日分事前予約可能。最大3か月先まで	
住所利用（登記等）	2,000円／月	利用料に含む	―	―
wi-fi	無料			
複合機	・モノクロ：5円/枚　　・カラー：25円/枚			
3Dプリンタ	・操作講習を修了した方 ・プリンタ使用は無料ですが、材料費等の実費相当をいただきます。		・操作講習を修了した方 ・プリンタ使用500円/時間 ・プリンタ使用料の他に、材料費等の実費相当をいただきます。	

（2018（平成30）年3月現在）

Ⅴ 商業振興

1 現況と課題

　水戸の商業の発祥は、水戸徳川家の城下町として繁栄したことに現在の商業集積地との関連がうかがえ、水戸城下の町割りにおける町屋敷部分が江戸時代の商業の発祥の地とみられています。

　少し、水戸市の商業を取り巻く歴史をたどってみますと、明治維新以降、上市（武家町を中心とした地域、現在のJR水戸駅の北側）、下市（現在のJR水戸駅の南東側）のそれぞれの商業での発展をみますが、飛躍的な商業の発展は、現在の常磐線と水郡線の開通後であり、広く県内各地の商業者が競って水戸（特に上市側）に進出するようになりました。昭和恐慌（1930（昭和5）年）によって、水戸市の商業も大きな打撃を受けますが、それを機に、水戸市及び水戸商工会議所を中心に、各種の販売促進活動が実施され、商店会等の組織化も推進されました。また同時に、このころより、百貨店形式の店舗形式が出始め、東京からの進出に対して、地元商工業者が反対運動に取り組むといった動きもみられました。

　戦後は、水戸駅を中心とした戦災復興土地区画整理事業等の基盤整備の進展とともに、商店街が繁栄し、高度経済成長の時代を迎えると、第2次百貨店法（1956（昭和31）年制定）の適用を受けたデパートも誕生しています。

　高度経済成長期（1955（昭和30）年から1973（昭和48）年）には、次々と鉄道網が充実するとともに、マイカー時代も到来し、広域からの集客によって、水戸駅前から南町、泉町、大工町に至る市街地の商店街が大きく繁栄しました。昭和40年代から50年代には中心市街地

における大型商業施設の展開や、既存大型店の全国資本への系列化が進む一方で、中心市街地の商業集積が保たれていました。その後、道路整備の進展に伴い郊外型店舗が増加し、平成年代以降においては、住宅地の郊外化の進展、中心市街地における大型店の撤退や郊外型大型商業施設進出等の経過をたどりつつ、中心市街地一極集中の時代から、多極型の商業核の形成へと移行してきています。

こうした歴史の変遷の中において、水戸市の商店街は、市民の買い物需要に応え、生活利便性の向上に寄与してきたところであり、また、商業振興の核としての役割も担ってきました。

しかしながら、近年の商店街を取り巻く環境は、大型商業施設の進出などによる購買機会の多様化や少子化による人口減少などにより厳しい状況が続いています。

また、水戸市の商業は、商圏人口約70万人を擁し、茨城県下最大規模の機能を誇っていますが、近年、商店数、従業者数、販売額ともに減少を続けています。商圏内における副次商圏の形成やモータリゼーションの進展、消費者の価値観の多様化、個性化、余暇時間の増大による消費者の行動の変化、インターネットショッピングやコンビニエンスストアなどの全国的なシステムでの物販機能の発展など、様々な環境変化によって、既存の小売商業の経営環境は厳しさを増していると言わざるをえません。

このような中、水戸市の中核産業である商業の活性化を図るため、商店街活動への支援や空き店舗対策、中小企業への融資あっせんをはじめとする各種事業に取り組んでいるところです。

今後、社会経済の変化を的確に捉え、消費者ニーズに対応しながら、水戸市の商業をより一層進展させていくためには、地域の魅力を生かした個性豊かな商店街づくりを支援するとともに、空き店舗を活用した店舗開業をはじめ、中小規模の商店の経営基盤の強化を促進するな

V　商業振興

ど、水戸の商業を担っていく起業家や経営者の育成に取り組んでいく
ことが必要です。

2　商店街活性化

　水戸市の商店街の現状をみますと、組織化されている商店街団体と
して、25団体存在しています（2017（平成29）年５月現在の水戸市
商店会連合会所属団体数）。団体の種別としては、法律に基づく団体
である商店街振興組合が５、任意団体である商店会が20となっており、
比較的規模の小さい商店会が多くなっています。

　水戸市の商店街は、これまで述べてきたように、商業環境の変化等
を背景に、その団体数、店舗数が減少傾向となっており、非常に厳し
い環境が続いています。

　このことから、商店街活性化を促進するため、水戸市は商店街が自
主的に実施する販売促進事業やイベント開催等に対して助成を行う
「商店街活力アップ事業」に取り組んでいます。

　この「商店街活力アップ事業」を活用し、各商店街において、プレ
ミアム商品券やポイントカード事業、イルミネーションやハロウィン、
クリスマス等のイベント事業に取り組むなど、商店街のにぎわいづく
りを進めています。

　また、国においては、商店街における地域コミュニティの担い手と
しての機能に着目し、商店街振興組合等による地域住民の生活利便性
を高める取組を支援することにより、商店街活性化を図ることを目的
とした「地域商店街活性化法」を制定し、地域と一体となったコミュ
ニティづくりを促進することによって、商店街の活力を推進すること
としています。そして具体的な支援策として、補助制度や税制優遇な
どのメニューを揃えています。

　このような商店街活性化のための支援制度は都道府県においても構

59

第3章 ┃ 主なシゴトの内容

築されており、国や県の支援制度を把握したうえで、有効な活用を促進するなど、市の支援策と上手に連携させ、相乗効果をもたらすような取組も必要です。

【水戸市商店街活力アップ事業の概要】

水戸市商店街活力アップ事業

商店街団体等が行う創意工夫を生かした販売促進の取組みや，活力向上・にぎわいの創出を図る事業等に対する支援を行います。

○補助率
　1／2以内（ただし，一部事業は2／3以内又は1／4以内）

○補助限度額
　1団体につき250万円以内（ただし，連合団体にあっては550万円以内）

○対象者
　商店街団体，商店街団体の構成員の2分の1以上のものが参加する団体，商店街団体によって組織される連合団体

○対象事業
（1）商店街の活力やにぎわいを創出するための事業
　　イベント，販売促進事業，宅配事業など
（2）IT（情報技術）を活用した事業
　　インターネットを活用した販売・宣伝事業，ポイントカード事業など
（3）商店街の広報・宣伝を行う事業
　　商店街のイメージアップ・集客力を高めるためのキャンペーン・宣伝事業，商店街パンフレット作成，商店街マップ作成など
（4）空き店舗・空き地対策事業
　　空き店舗・空き地を等を活用した商店街事業
（5）商店街活性化，安心安全なまちづくりのための研究・実験事業
　　専門家や技術者を招き商店街の調査，研究，診断等を行う事業，高齢者や障害者のための宅配事業，FAX受注システム事業，タウンモビリティー事業，ユニバーサルデザイン事業等
（6）環境対応型街路灯電灯整備事業
　　商店街街路灯の電灯のLED及び無電極ランプ等への交換
（7）商店街美化・環境事業
　　上記に掲げる事業に併せて実施する環境美化，環境リサイクル，商店街街路灯等の維持管理事業等

V 商業振興

【水戸市商店街活力アップ事業を活用した商店街の取組事例】

経済産業省から「がんばる商店街30選」として選定された泉町二丁目商店街の取組を紹介します（「がんばる商店街30選2014」から抜粋）。

泉町二丁目商店街
（泉町二丁目商店街振興組合）　　　茨城県水戸市

ここに注目！ 地域ニーズへの対応によるコミュニティ再生と効果的なまちの魅力発信により、中心市街地の活性化を促進。

ポイント

昭和30年に戦災復興のシンボルとして再建された「泉町会館」を拠点に、住店と地域コミュニティとを結ぶ事業に取り組んでおり、特に、地域住民に地元の新鮮な食材を提供するため、10年以上前から「ファーマーズ・マーケット（新鮮市）」を開催している。

また、当商店街が中心となって「水戸バー・バル・パール」と題する飲み歩きイベントを実施しているほか、コミュニティペーパー「IZM（イズム）」の発行などを通じ、中心市街地全体の魅力発信にも積極的に取り組んでいる。

商店街のシンボル「泉町会館」

［商店街概要及び取組の背景］
求められる地域貢献とまちの魅力発信

水戸駅北口から西北方向に約1.2kmの距離に位置し、その商業集積から、水戸市を代表する商店街の一つであるとともに、「水戸芸術館」に隣接するなど、高い文化性を有する地区でもある。また、百貨店などを含む大型店が隣接し、最寄品に加え買い回り品が多い商店街である一方、近年のマンション建設に伴い、居住人口が増加するなか、地域密着型の商店街としてのさらなる貢献も求められている。

更に、中心市街地郊外への大型ショッピングモール出店に伴う通行量の減少や、東日本大震災の影響による消費の落ち込みがみられるなか、中心市街地への来街機会を創出するため、まち全体の魅力を効果的に発信していくことが求められている。

［取組の概要・効果］ Plan・Do
コミュニティ再生と来街機会の創出

生鮮食品などが購入できる店舗が中心市街地内で減少し、地域住民の多くが日常の買物に不便を感じているなか、出来るだけ気軽に新鮮野菜を購入していただけるよう、近隣の生産農家の協力のもと、「泉町会館」において「ファーマーズ・マーケット」を継続的に開催し、近隣住民に親しまれている。

また、中心市街地全体のまちの魅力を知ってもらう機会として、当商店街が中心となって「水戸バー・バル・パール」と題するドリンクラリー形式のイベントを実施しているほか、コミュニティペーパー「IZM」の発行、まちゼミ「まちカル」の開催を通じて、まちの魅力を発信、来街機会の創出にも寄与している。

［効果の評価と改善策の実施等］ Check・Action
地域ニーズへのさらなる対応

住民アンケートの結果から得られた地域ニーズ（生鮮食品店、地産地消の店）に対応するため、当商店街が中心となり、「食のモデル地域構築計画」を策定。今後、「ファーマーズ・マーケット」の常設化を図るとともに、ボランティアのお母さんによる地元農産品を利用した家庭料理の提供、ワイナリー機能の付加など、県内農産品の受発信拠点として、「泉町会館」の機能拡充を図っていくほか、地産地消の「水戸バー・バル・パール」等を行っていく予定である。

また、街なかでゆっくり過ごせる場所として、市民図

61

第3章 | 主なシゴトの内容

書館・カルチャースクール・コミュニティカフェ・インフォメーション機能を備えたコミュニティ施設の設置に取り組んでいる。

[実施体制]
幅広い主体の連携による取組の推進

当商店街を含む水戸市中心市街地エリアにおいては、民間レベルのボランティア(商業者、若手経営者、建築家、行政職員等)で構成する「水戸市上市朝会」が当商店街の若手を主要メンバーとして活動しており、飲み歩きイベントの開催やコミュニティペーパー「IZM」での連携など、商店街の枠を越えて、中心市街地全体の活性化に向けて取り組んでいる。

また、「食のモデル地域構築計画」(農林水産省認定)については、当商店街が事務局となって、他団体(水戸市、商工会議所、生産農家、子育て支援NPO法人等)と実行協議会を組織するなど、幅広い連携体制の構築を図りながら取組を進めている。

基本データ
所在地:茨城県水戸市泉町二丁目
会員数:43名
店舗数:47店舗
関連URL:http://www.izumi2.com/

住民に親しまれている「ファーマーズ・マーケット」

キーパーソン
泉町二丁目商店街振興組合
理事長 高野 健治

街全体を通して進める「商店街活性化」

水戸市の商店街は、水戸駅北口から伸びる国道(片側2車線)直線2kmの間に、19商店街がひしめき合っています。泉町二丁目商店街はその中央にあり、百貨店や文化施設とも隣接した恵まれた場所に位置します。

しかし、商店街の衰退や商業者の高齢化、郊外型商業施設の進出は他地域と同様であり、東日本大震災の被害も甚大で、近年は衰退の一途を辿って参りました。

そんななか、弊組合では5年前から世代交代を進めてきました。実質的な運営を若手世代に任せて頂いたことで、役員全体が若返り、これまでにない闊達な活動ができるようになってきています。

さらには、組合内だけでなく近隣商店街や街中の個店、行政との接点を強くし、協力や連携をすることで、我々だけでは進められないような事業を推進する機会が増えました。いろいろな立場やスタンスの方々との協力や連携が新しい考え方を生み、新たな活性策を模索・推進するきっかけにもなっています。

地域とも一丸となって連携する「街づくり」

もともと商店街とは、利便性のある場所に人が暮らすようになり、集落ができ、流通が必要になってできたものだと思います。そう考えると、商店街が地域コミュニティと連携していくことは、昔から脈々と続く必須事項なのだということが理解できます。

しかし近年の商店街は、経済を優先し我が利益を追求するあまり、元来の考え方を見失ってきた気がします。現在の自分達の力だけでは到底「活性化」や「街づくり」は成功し得ないでしょう。ですから我々は、地域コミュニティの活動や事業に参加するとともに、我々の考え方や活動をより多くの住民に理解いただくことを心掛け、地域と協働した街づくりを目指しています。

今後、地域コミュニティと商店街が交流できるコミュニティセンターや、地域のニーズに応えた生鮮品や地産地消品の販売施設を開設するとともに、地域の方々と心から交流できる機会や場所を多く設けることで、地域全体が一丸となった街づくりに取り組んでいきます。

VI 工業振興

1 現況と課題

　商業・サービス業に特化した産業構造を持つ水戸市は、これまで周辺市町村から消費購買力を吸収し、商業・サービス機能を高める従来型の成長図式に乗った発展を遂げてきました。

　しかし、消費行動の広域化、商業拠点の郊外化が進展するなど、水戸市の商圏吸引力は弱まってきており、商業・サービス業のみに産業の牽引力を期待するわけにはいかなくなっています。

　そこで産業間の均衡ある発展と市民の就業機会を創出し、賑わいと活力を生み出すためにも、工業振興に取り組んでいく必要があります。

　水戸市においてこれまでに整備された主要な産業基盤としては、地場企業に加え、大手メーカーの工場が誘致された米沢工業団地や東部工業団地、流通業に限定せず広く産業という捉え方で複合的な産業団地を形成している水戸西流通団地、卸売業を集約した卸売団地があげられ、産業の発展に貢献しています。

　その他、商業圏の近傍において小規模な食品製造業や印刷業などの生活関連事業所が立地し、県庁所在都市という行政・業務機能を生かした都市型工業が成長してきました。

　しかしながら、経済情勢の変化による産業の空洞化や企業における生産拠点の再編などを背景に、米沢工業団地においても一部の工場が閉鎖されるなど、事業所数、従業者数は減少傾向にあります。さらに、2012（平成24）年製造品出荷額等をみると、県内シェア約1.1パーセントと低率にとどまっており、依然、集積度が低い状況にあります。

　また、流通系事業所については、水戸西流通センターや公設地方卸

売市場等の物流拠点を中心とした集積にとどまっています。

このような状況を踏まえ、工業、流通産業の活性化と本市における就業機会の拡大を図るため、2004（平成16）年度に企業立地を支援する助成制度を創設し、新たな事業所等の立地を促進するほか、中小企業への融資のあっせんや既存事業所の新製品開発などの取組に対する支援制度の充実に取り組んできたところです。

今後、魅力と活力あるまちづくりを推進するためには、バランスの取れた産業の振興が不可欠であり、広域交通網の整備の進展を踏まえた産業系拠点のさらなる集積と機能強化を図るため、既存企業の経営体質改善や強化を支援するとともに、就業機会の拡大の観点からも、新たな事業所立地を一層促進していくことが求められています。

2　工業支援事業補助金

水戸市では、工業の振興を図るため、製造業を主な事業として営む中小企業を対象に、以下の補助事業を実施しています（2017（平成29）年3月現在）。

（1）補助対象者

① 製造業を営む中小企業であること（ISO認証取得支援事業については、製造業以外の方も対象となります。）。

② 水戸市内に事業所を有し、1年以上同一事業を営んでいること。

③ 市税を完納していること。

（2）補助金の種類

事業名	事業内容	補助率	補助限度額
ISO認証取得支援事業	ISO9000シリーズ、ISO14000シリーズの認証を取得する企業に、取得費用の一部を補助	1/3以内	300千円
既存工業関連施設利用支援事業	公的な工業関連施設である、ひたちなかテクノセンターや茨城県工業技術センターなどの施設を利用した際に、利用料等の一部を補助	1/2以内	200千円
中小工場再整備支援事業	「優良工場」として市から認定された工場が、更なる整備を行う際に経費の一部を補助	1/3以内	1,000千円
人材確保支援事業	インターンシップ制を導入する企業に、経費の一部を補助	1/2以内	1人受入れにつき25千円
新製品・新技術開発支援事業	新製品や新技術の開発に取組む企業に、調査研究段階から補助	1/3以内	1,000千円

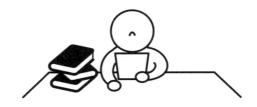

第3章 ｜ 主なシゴトの内容

【工業振興支援事業補助金交付フロー】

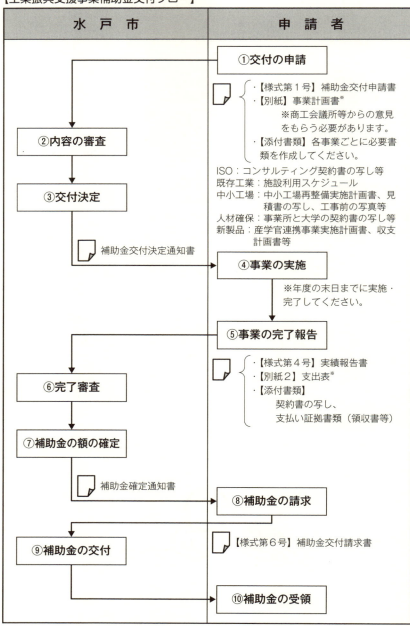

3　優良工場認定

　水戸市では、工場に勤務する従業員の勤労意欲を増進し、併せて周辺地域と市内商工業の調和ある発展を図ることを目的とし、周辺の環境に合致した施設整備を進め、魅力的で働き甲斐のある環境づくりを実践する市内の工場を「水戸市認定優良工場」として認定・表彰する事業を実施しています。

　応募資格としては、「原則として中小企業であって、水戸市内で操業中の工場であること」「各種関係する許認可を受け、立地に関する関係法令等に抵触していない工場であること」の2つの条件を満たし、かつ①工場内外への配慮・工夫、②社員の働く環境への配慮・工夫、③経営、生産、技術への配慮・工夫、④地域活動への取組の4つの項目のうち、1つ以上実施しているものとしています。

　そして応募資格を有する工場を募集し、有識者等で構成される審査会において、現地視察を行ったうえで、評価基準に基づく評価などの審査を経て、毎年数社程度の工場を認定しています。

　なお、優良工場として認定された事業者は、水戸市から認定証と認定プレートが授与されるほか、前述した「水戸市工業支援事業補助金」における中小工場再整備支援事業補助金が受けられるメリットがあります。

　2017（平成29）年3月現在では、24の事業所が優良工場として認定されています。

第3章 | 主なシゴトの内容

【水戸市認定優良工場の案内（2016（平成28）年度）】

Ⅵ　工業振興

再認定工場

株式会社ダイイチ・ファブ・テック
（金属加工業）

所在地／水戸市谷津町1-72　TEL 029-303-7878
http://www.d-f-t.jp/

本社工場は水戸西流通センター内に位置し、エレベーター部品や自動車車体部品など各種金属製品の加工を行っています。工場は広い前庭を備えた明るく開放的なつくりになっています。
工場内部は中央の通路を挟んで、各種大型機械が整然と配置され作業の効率化が図られています。
社員の働く環境面においては、社員旅行やレクリエーションなどを積極的に実施しているほか、勤続年数に応じたリフレッシュ休暇制度等、福利厚生の充実が図られています。
また、社員の能力向上についても、積極的な技術訓練を行い、多数の資格所有者を輩出しているほか、年に一度、年間教育・訓練計画を発表する機会を設け、社員の自主性を育成しています。
地域活動への取組についても、流通団地内の清掃作業や、工場見学、インターンシップの受け入れなどを積極的に行っています。

株式会社高野高速印刷
（印刷業）

所在地／水戸市平須町1822-122　TEL 029-305-5588
http://www.takano-kousoku.co.jp/profile.htm

工場は明るいイメージの外観で、周辺環境との調和が図られており、2階は主に事務・プリプレススペース、1階が印刷工場となっています。工場内は、通路、作業スペースが明確に区分されており、整理整頓が行き届いております。
社員の働く環境面においては、ロッカー室や休憩室の充実が図られているほか、印刷時に発生するパウダーを除去するための水噴霧を利用した高性能な静電気及びウィルス対策型空気清浄器が配備されています。
また、親睦会や各種レクリエーション、福利厚生も充実しており、社員の働く意欲の増進に配慮しています。
技術面では、外部講師を招いたデザイン研修会や印刷技術技能習得のための各種支援を実施し、社員のスキルアップを促進しています。
地域活動面においては、茨城県緑化推進機構と協力した森林整備（印刷の森）のほか、地元小学校の見学を受け入れるなど、積極的に取り組んでいます。

日本ボンコート株式会社
（電気機器製造・販売業）

所在地／水戸市笠原町600-14　TEL 029-241-2725
http://bonkote.co.jp/

工場外観は、敷地内の緑地化など周辺環境への調和が図られています。内部も空調・照明設備の整備を図るとともに、省エネルギー化や二酸化炭素の排出量管理に努めています。
技術面では、はんだごて専門メーカーとして先端的技術の開発に努め、こて先の温度コントロールを実現する「ＬＡ方式はんだごて」の国際特許を所有するほか、各企業にて、はんだ付けの個別セミナーを実施し自社のはんだ技術の普及を図っています。
また、卓越した技術力が高く評価されており、海外への輸出をはじめ、地元から大手まで各種企業と取引を行っております。
社員の働く環境面については、作業服の貸与や社員旅行等を実施し働きやすい職場作りを心掛けているほか、スキルマップを利用した社員教育や改善提案制度の充実を図り、能力向上に取り組んでいます。
地域活動への取組についても、インターンシップの受け入れをはじめ、各種地域イベントに参加するなど、積極的に行っています。

Ⅶ 中小企業支援

　中小企業は、地域に根差した経済活動を営むところが多く、雇用の創造、税収増への貢献など、地域経済の発展に大きな役割を担っていると考えられます。

　水戸市においては、主に金融面での支援、コーディネーターによる支援を実施しています。

1　市町村中小企業金融制度（自治金融・振興資金）

　茨城県内における自治金融・振興資金は、中小企業の金融円滑化を目的に、市町村が保証機関である信用保証協会と、融資機関である金融機関との連携を図りながら、地元中小企業に対し事業経営に要する資金をあっせんする制度です。

　この自治金融・振興資金は、県内すべての市町村で統一された制度であり、中小企業者が低金利で資金の借り入れができるとともに、その借り入れに対して信用保証協会による公的保証を受けることができ、中小企業者にとってメリットの大きい制度となっています。

　水戸市においては、その他、中小企業者への金融支援策として、自治金融・振興資金利用者に対して、年1％分の利子補給（3年間）と信用保証料の全額・全期間の補助を行っています。

　自治金融・振興資金利用の申込受付事務については、水戸商工会議所、水戸市常澄商工会、水戸市内原商工会に委託しており、利用の可否については、商工会議所、市、県信用保証協会等で構成する金融審査会を経て決定しています。

　利子補給については、年度末に1年分の申請を受け付け、交付して

いますが、対象件数が毎年1,600件程度に上るため、手続き期間中は事務量が非常に多くなっています。

【水戸市自治金融・振興資金の案内】

【水戸市自治金融・振興資金融資あっせんフロー図】

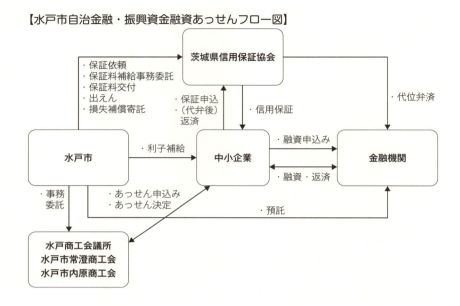

2　産業活性化コーディネーター

　国や地方自治体が行う産業振興策には、各種の補助金やアドバイザー派遣など、様々な支援制度があり、それぞれの主体が情報提供を行っています。

　しかし、企業の経営者は多忙であり、国や地方自治体の様々な制度を自ら理解し、煩雑な申請手続きを経て活用するというのは、現実は容易なことではありません。

　今後の自治体の役割として、そうした制度活用のハードルを下げて活用を促進するなど、事業者の成長に資する支援が求められており、そのためには、事業者ごと個別の対応が必要となってきますが、効果的に個別事業者の訪問を行うにしても、市の職員では技術的・経営的な知識が不十分であることは否めません。

　こうした課題への対応方策の一つとして、市の職員と一緒に産業振興の現場で活動してくれる専門的な知識・ノウハウを持つ人材の確保

Ⅶ　中小企業支援

があげられます。

　そこで、水戸市における新たな事業として、企業訪問による御用聞きの積み上げで、困りごとの解決に向けたフォローアップ、産学官連携の橋渡しを行うなど、市内に立地する中小企業の経営強化等に資する取組を支援する専門家である「産業活性化コーディネーター」を配置し、市内企業を対象とした無料相談等を行い、ものづくり企業の経営力向上、開発能力向上、販路開拓等を支援する事業を2017（平成29）年度から実施しています。

【産業活性化コーディネーターの具体的役割】

経営力向上：ISO等の国際認証の取得フォロー、生産性向上のアドバイス、IT活用の相談等
開発能力向上：産学官連携による開発のマッチング、大学や工業技術センター等の研究機関の紹介等
人材開発：大学・高専・工業高校・企業OB等の人材マッチング等
販路開拓：企業のマッチング、商談のフォロー等
資金調達：各種補助制度の紹介・申請支援等

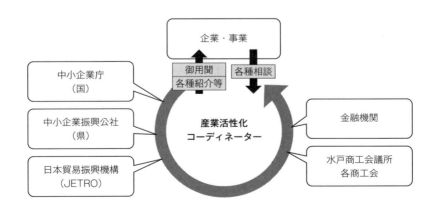

Ⅷ 就労・労働者支援

1 現況と課題

　近年、産業構造や雇用形態の変化を背景として、若年者を中心とした職業観やライフスタイルの多様化など、就労環境は大きく変わってきていますが、年齢、性別を問わず、勤労者の誰もが安心して生き生きと働くことのできる就労環境の充実が求められています。

　就業者については、今後、生産年齢人口の減少に伴い、大幅に減少すると推計されていることから、事業所や商業施設等の企業誘致をはじめとする雇用対策を進め、就業率の向上を図ることが必要です。

　あわせて、国、県、事業者等と連携し、職業相談体制の充実に努めながら、若年者をはじめ、中高年齢者、障害者の就労を支援する取組も求められています。

　さらに、本市の事業所の大きな割合を占める中小企業勤労者を対象として、市勤労者福祉サービスセンターを中心に余暇活動や健康増進等の福利厚生事業を実施しているところですが、今後も勤労者のニーズに対応しながら、就労者の働きやすい環境の充実に努める必要があります。

　また、最近の国の動向においては、経済の成長と分配の好循環を実現するため、2017（平成29）年３月に働き方改革実行計画を策定し、正規職員と非正規職員の待遇差の解消、長時間労働の是正、柔軟な働き方が可能になる環境づくりなどに向けた取組を進めていくこととしており、市としても国の働き方改革と連動し、労働者環境の向上に努めていく必要があります。

VIII　就労・労働者支援

2　就職面接会の開催

　地元就職をはじめとした雇用機会の確保を図るため、茨城県やハローワーク等の関係機関と連携のもと、就職面接会を開催しています。

3　就労支援・企業情報発信サイトの運用

　さらなる雇用の促進を図るため水戸市独自の取組として、事業者と求職者の効果的な橋渡しと各企業の特長や魅力を企業自身が発信でき

75

第3章 ┃ 主なシゴトの内容

る場を提供するサイトを構築し、「わーく・さいと・みと」として運用を行っています（2014（平成26年）10月から運用開始）。

　特長としては、市内の事業者自らが求人情報や事業者情報等を入力、編集できるサイトであり、無料で自身のサイトを持つことができるようになっているところです。

　また、登録した事業者の自慢の商品・技術情報の発信を通して、企業間のマッチングの場としても活用することができます。

　さらに、当サイトは、パブリッククラウド（※一般利用者を対象に提供されるクラウドサービス）を利用することにより、サイトの構築時間の短縮と運用負担の軽減を図っています（システム構築期間：3か月）。

　今後は、運用開始から一定期間を経過していることから、これまでの運用状況を踏まえた上で、利用者や登録事業者の意見を聴きながら、より充実した内容となるよう、改善・見直しを図っていく必要があります。

Ⅷ　就労・労働者支援

【「わーく・さいと・みと」案内】

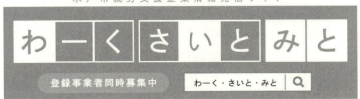

第3章 | 主なシゴトの内容

水戸市就労支援・企業情報発信サイト「わーく・さいと・みと」って，な〜に？

第 4 章

業務お役立ち情報

第4章 ｜ 業務お役立ち情報

I 法律

　商工課が担う業務においては、法律に基づいた許認可等の事務は余り多くはありませんが、産業振興に係る施策の方向性や自治体の役割等を規定している法律があります。

　これらの法律は、自治体の産業振興施策に取り組むにあたって、指針的な役割も果たすものであるので、概要を把握しておくことが必要です。

　ここでは、主な関係法令を紹介します。

○中心市街地の活性化に関する法律（中心市街地活性化法）

　1990年代に入ってから、日本全国の地方都市での中心市街地の衰退や空洞化が目立つようになり、中心市街地の活性化に取り組む自治体等を強力に支援するために1998（平成10）年に施行された法律です。

　制定当時は「中心市街地における市街地の整備改善及び商業等の活性化の一体的推進に関する法律」でしたが、2006（平成18）年の大幅改正で「中心市街地の活性化に関する法律」に改題されました。

○産業競争力強化法

　我が国経済を再興すべく、我が国産業を中長期にわたる低迷から脱却させ、持続的発展の軌道に乗せるため、産業競争力の強化を図る目的で2014（平成26）年に施行されたものであり、主な内容については、以下のとおりです。

（1）産業競争力の強化のために国が講ずべき施策の内容や実施期限等を定めた実行計画を作成し、施策を総合的かつ一体的に推進

する。

（2）新たな事業活動の創造につながる規制改革を推進するための
制度を創設する。

（3）ベンチャー投資や事業再編の円滑化等、産業の新陳代謝を活
性化させるための措置を講ずる。

（4）地域中小企業の創業・事業再生の支援等、その他の産業競争
力強化関連施策を講ずる。

○地域経済牽引事業の促進による地域の成長発展の基盤強化に関する法律（地域未来投資促進法）

地域未来投資促進法（2017（平成29）年6月2日公布、7月31日施行）は、地域の特性を活用した事業の生み出す経済的波及効果に着目し、これを最大化しようとする地方公共団体の取組を支援するものです。

国の基本方針に基づき、市町村及び都道府県は基本計画を作成し、国が同意することとしており、その同意された基本計画に基づき、事業者が策定する地域経済牽引事業計画を、都道府県知事が承認し、国は、地方公共団体とともに地域経済牽引事業者を支援することとしています。

○商店街の活性化のための地域住民の需要に応じた事業活動の促進に関する法律（地域商店街活性化法）

商店街が「地域コミュニティの担い手」として行う地域住民の生活の利便を高める試みを支援することにより、地域と一体となったコミュニティづくりを促進し、商店街の活性化を図ることを目的として、2009（平成21）年8月に施行されました。

商店街が実施しようとする商店街活性化事業計画が、地域住民の

ニーズに応じて行う事業であり、商店街活性化の効果が見込まれ、他の商店街の参考となりうるものについては、本法に基づき経済産業大臣の認定を受けることができるものです。

○商店街振興組合法

　商店街が形成されている地域において、小売商業又はサービス業に属する事業、その他の事業を営む者等が協同して経済事業を行うとともに、当該地域の環境の整備改善を図るための事業を行うのに必要な組織等について定めることにより、これらの事業者の事業の健全な発展に寄与し、あわせて公共の福祉の増進に資することを目的として制定された法律です。

　なお、権限移譲により、振興組合設立認可等については、水戸市が行っています。

○大規模小売店舗立地法

　スーパーやホームセンターなどの大型店を新たに開店したり、売場を拡張しようとするときなどに、建物設置者（所有者）に対して、周辺地域の生活環境を保持するため、交通対策や騒音対策など必要な配慮が適正に行われることを確保するための手続きを定めたものです。

○工場立地法

　工場立地法は、工場立地が環境の保全を図りつつ適正に行われるように導き、その結果、国民経済の健全な発展と国民の福祉の向上に寄与することを目的とした法律であり、主に次のような項目についての規定があります。

（1）工場適地、工場立地の動向及び工場立地に伴う公害の防止等
　　に関する調査の実施

（2）工場立地に関する準則等の公表

（3）一定規模以上の工場の設置等に係る届出義務

（4）届出内容に関する勧告及び変更命令

　これらの項目のうち、（1）以外の項目は工場の敷地利用に関係することから、特に事業者との関わりが深いと考えられます。

　具体的には、製造業等に属する事業者が拠るべき基準として、工場の敷地面積に対する生産施設の面積や緑地等の面積の割合を定めた準則を公表し、一定規模以上の工場（特定工場）を設置する事業者に対してこれらを守るよう義務づけ、届出内容が準則不適合の場合は、都道府県知事や市長等から勧告、変更命令が行われる制度となっています。

○中小企業基本法

　中小企業に関する施策の基本理念・基本方針について定め、国及び地方公共団体の責務を明らかにする法律であり、1963（昭和38）年に制定されました。

　制定後、アジア諸国の経済成長、バブル経済崩壊、規制緩和による新規創業支援の促進、ベンチャー企業の進展など、我が国を取り巻く経済環境の変化等を踏まえ、1999（平成11）年12月に法の抜本的改正が行われました。

　改正法では、旧法の「大企業との格差の是正」という基本理念を転換し、中小企業については「多様な事業の分野において特色ある事業活動を行い、多様な就業の機会を提供し、個人がその能力を発揮しつつ事業を行う機会を提供することにより我が国の経済の基盤を形成している」として、独立した中小企業者の自主的な努力を支援することで、その多様で活力ある成長発展が図られねばならないとしました。

第4章 ｜ 業務お役立ち情報

そして、そのための国の施策として、経営革新及び創業の促進・創造的な事業活動の促進を図ること、経営資源の確保の円滑化・取引の適正化などにより中小企業の経営基盤の強化を図ること、事業転換の円滑化などにより経済的社会的環境の変化への適応の円滑化を図ることなどがあげられました。

○中小企業信用保険法

中小企業者に対する事業資金の融通を円滑にするため、中小企業者の債務の保証につき保険を行う制度を確立し、もって中小企業の振興を図ることを目的に制定された法律です。

セーフティネット保証制度は、本法律に基づくものです。

○中小企業等協同組合法

中小規模の商業、工業、鉱業、運送業、サービス業その他の事業を行う者、勤労者その他の者が相互扶助の精神に基づき協同して事業を行うために必要な組織について定め、これらの者の公正な経済活動の機会を確保し、もってその自主的な経済活動を促進し、かつ、その経済的地位の向上を図ることを目的に制定された法律です。

本法律において、中小企業等協同組合は、事業協同組合、事業協同小組合、火災共済協同組合、信用協同組合、協同組合連合会及び企業組合の6種類に分かれており、組合員の資格や事業内容、組合の設立や運営の手続き等について規定されています。

なお、権限移譲により、組合設立認可等については、水戸市が行っています。

○計量法

計量の基準を定め、適正な計量の実施を確保し、もって経済の発展

及び文化の向上に寄与することを目的として制定された法律です。

　計量器に関する事業、計量の安全確保、検定、型式の承認、比較検査及び基準器検査、計量証明の事業、取締り、計量士、事業場などの指定、再検査及び不服申立て等について規定されています。

　法定の計量単位以外の計量単位は、取引上又は証明上使用を禁じており、計量器の製造業、販売業は登録制とし、計量器は検定に合格したものでなければなりません。

　水戸市は、2001（平成13）年度の特例市移行に伴い、計量法上の特定市の指定を受けており、本法に基づき、適正な計量の実施の確保及び市民の消費生活の安定を図ることを目的として、はかりの検査を実施しています。

Ⅱ 押さえておくべき資料

　法律のほか、国においては産業振興に係る基本方針等を定めておりますので、法律と同様に内容を押さえておくことが必要です。

○未来投資戦略2017

　IoTやビッグデータ、人工知能（AI）、ロボット、シェアリングエコノミーなどのイノベーションをあらゆる産業や社会生活に取り入れ、様々な社会課題を解決する「Society 5.0（超スマート社会）」の実現に向けた政府の施策等を取りまとめたもので、2017（平成29）年6月9日に閣議決定されました。

　この戦略の中においては、具体的なプロジェクトを推進する5つの戦略分野として「健康寿命の延伸」「移動革命の実現」「サプライチェーンの次世代化」「快適なインフラ・まちづくり」「フィンテック（ITを活用した新たな金融サービス）」を指定しています。

○日本再興戦略（2013～2016）

　第二次安倍内閣が掲げる成長戦略であり、2013（平成25）年6月に最初の再興戦略が閣議決定されました。

　経済成長に向けて民間活力を引き出すことを主目的に、投資減税を通じた企業活動の活性化など、産業基盤の強化策が中心に打ち出されており、製造業の国際競争力強化や高付加価値サービス産業の創出による産業基盤の強化、医療・エネルギーなど戦略分野の市場創造、国際経済連携の推進や海外市場の獲得などを掲げています。

　安倍政権では、未来投資会議（旧、産業競争力会議）の「日本再興

戦略」、経済財政諮問会議の「骨太の方針」、規制改革会議の「規制改革実施計画」がそれぞれ役割分担しながら、成長戦略をまとめあげています。

○経済財政運営と改革の基本方針

「骨太の方針」と呼ばれており、主に国の予算にかかわる政権の経済政策の方針を示すもので、首相が議長の経済財政諮問会議の答申を受け、6～7月に閣議決定を経て策定されるものです。

○まち・ひと・しごと創生総合戦略

「総合戦略」は、日本の人口の現状と将来の姿を示し、人口問題に関する国民の認識の共有を目指すとともに、今後、取り組むべき将来の方向を提示する「長期ビジョン」を踏まえ、2015（平成27）年度を初年度とする5か年の政策目標や施策の基本的方向、具体的な施策をまとめたものです。基本目標として、「地方における安定した雇用を創出する」「地方への新しいひとの流れをつくる」「若い世代の結婚・出産・子育ての希望をかなえる」「時代に合った地域をつくり、安心なくらしを守るとともに、地域と地域を連携する」の4つを設定しています。

策定年度以降は、進捗や評価を踏まえ、毎年度改定されています。

○まち・ひと・しごと創生基本方針

本基本方針は、地方創生の各年度における方向性を示すものであり、2015（平成27）年度から毎年度策定されています。最新の「まち・ひと・しごと創生基本方針2017」は2017（平成29）年6月に閣議決定されており、同方針では、既存の取組を加速化するための新たな施策により、地方創生の新展開を図ることとしています。

第4章 │ 業務お役立ち情報

○中心市街地の活性化を図るための基本的な方針

　中心市街地の活性化に関する法律第8条第1項に基づき、中心市街地が地域の経済及び社会の発展に果たす役割の重要性にかんがみ、中心市街地における都市機能の増進及び経済活力の向上を総合的かつ一体的に推進するために定めるものです。

○働き方改革実行計画

　働き方改革とは、働く人の視点に立ち、企業文化、ライフスタイル、働き方を抜本的に変革させようとするものであり、安倍内閣は働き方改革実現のため、首相や働き方改革担当大臣などで構成された働き方改革実現会議を通して、2017（平成29）年3月に働き方改革実行計画を策定しました。この計画では、一人ひとりの意思や能力、そして置かれた個々の事情に応じた、多様で柔軟な働き方を選択可能とする社会を追求する働き方改革を進めていくことで、人々のワーク・ライフ・バランスの実現、生産性の向上を目指しています。

Ⅲ 役立つホームページ

関係機関等のホームページも仕事に関連する情報収集に役立ちますので、紹介します。

○経済産業省／www.meti.go.jp

産業関連の統計データや経済産業省における政策、予算、法令等の情報が掲載されており、地方公共団体の新たな政策を立案するに当たっても参考になります。

○地方経済産業局

各都道府県にある経済産業の地方支分部局であり、補助金の案内や各地域におけるイベント・説明会のお知らせ、経済動向データや報道発表資料等が掲載されています。

○中小企業庁／www.chusho.meti.go.jp

経済産業省の下部組織であり、中小企業施策について、経営サポート、金融サポート、財務サポート、商業・地域サポートなど、体系ごとにまとめられています。

○ミラサポ〜未来の企業応援サイト／https://www.mirasapo.jp

「ミラサポ」は、中小企業庁の委託により運営されている中小企業・小規模事業者を対象にした支援情報サイトです。国だけでなく全国自治体における補助金をはじめとした中小企業向けの支援施策が掲載さ

れていますので、事業者のみならず、自治体の担当職員にも役立つ情報が掲載されています。また、事業者が無料の会員登録をすれば経営者や専門家と情報交換をしたり、専門家の派遣を要請することができます。

○中小機構／www.smrj.go.jp/index.html

独立行政法人中小企業基盤整備機構（中小機構）が運営するサイトです。中小機構は、国の中小企業政策の中核的な実施機関として、起業・創業期から成長期、成熟期に至るまで、企業の成長ステージに合わせた幅広い支援メニューを提供しています。また、地域の自治体や支援機関、国内外の他の政府系機関と連携しながら中小企業の成長をサポートしており、経営者向け、支援機関向け、起業家向けの幅広い情報が掲載されています。

○J-Net21〜中小企業ビジネス支援サイト／j-net21. smrj.go.jp/index.html

J-Net21は、中小機構が運営する中小企業経営者をサポートするためのポータルサイトです。経営課題や支援情報（資金・セミナー）、起業者向けの案内、元気な中小企業の事例などが掲載されており、こちらも国や都道府県等の中小企業向けの支援施策情報を検索することができます。

○日本商工会議所／www.jcci.or.jp

中小企業関連情報や早期景気観測などの調査・研究資料を見ることができます。各地域の商工会議所のホームページには、地域独自の取組なども掲載されています。

Ⅲ 役立つホームページ

○全国中小企業団体中央会／www.chuokai.or.jp

　中小企業団体中央会は、昭和30年の中小企業等協同組合法の改正により「中小企業等協同組合中央会」として誕生し、その後、昭和33年には、中小企業団体の組織に関する法律の施行に伴い「中小企業団体中央会」と名称を変更して、現在に至っています。

　中央会は、中小企業の健全な発展を図るために組織化指導をはじめとする各種支援・施策を行うほか、中小企業及び組合等を取り巻く諸問題の解決を図るために、中小企業対策に関する建議・陳情等、様々な政策提言活動を行っている団体です。中央会の組織は、都道府県ごとに１つの中央会と、それをとりまとめる全国中小企業団体中央会で構成されていますので、各都道府県の中央会のホームページにおいて、より地域に密着した支援措置等の情報を見ることができます。

○内閣府地方創生推進事務局（中心市街地活性化）／http://www.kantei.go.jp/jp/singi/tiiki/chukatu/index.html

　市町村が策定した中心市街地活性化基本計画を内閣総理大臣が認定を行う制度概要が掲載されています。

　これまでに認定された全国の基本計画やフォローアップ状況、他市の取組事例、関係法令などを確認することができます。

○街元気〜まちづくり情報サイト〜／https://www.machigenki.go.jp/

　経済産業省が中心市街地活性化のために運営するサイトです。中心市街地活性化やまちづくりに関する研修や教材が用意されており、豊富な事例の紹介等も掲載されています。

91

○中心市街地活性化支援センター／http://machi.smrj. go.jp/

　経済産業省・中小企業庁と、日本商工会議所、全国商工会連合会、全国中小企業団体中央会、全国商店街振興組合連合会の４団体及び中小企業基盤整備機構により、各地の中心市街地活性化協議会を支援するための組織として設立された「中心市街地活性化協議会支援センター」が運営するサイトです。全国の中心市街地活性化協議会の設立・活動状況や中心市街地活性化に関連する支援策、各自治体の取組事例など、中心市街地活性化に関する豊富な情報が掲載されています。

○株式会社全国商店街支援センター(EGAO)／http:// www.syoutengai-shien.com/

　「地域商店街活性化法」を契機に、国と歩調を合わせ新たな商店街支援を具体的に実践する組織として、中小企業４団体（全国商工会連合会、日本商工会議所、全国中小企業団体中央会、全国商店街振興組合連合会）が出資し、設立（2009（平成21）年８月）された株式会社全国商店街支援センターが運営するサイトです。

　商店街活性化の事例や商店街活性化に係る支援策など、商店街をサポートするための情報が掲載されています。

○商店街にぎわいPLAZA(全国商店街振興組合連合会)／ http:// http://www.syoutengai.or.jp/index.html

　商店街にぎわいPLAZAは、各都道府県に設置された県商店街振興組合連合会やその会員組合（市・区振連、単位組合）、小売店との有機的ネットワークで、商店街・小売店の活性化のために必要な、調査・研究、研修、指導・相談、情報交換・提供等を行う組織である「全国商店街振興組合連合会」が運営するサイトです。

助成制度も含め、商店街振興組合に関する情報が掲載されています。

○(一財)日本立地センター／http://www.jilc.or.jp/

産業立地と地域振興に関わる総合的調査研究機関として1962（昭和37）年に設立された一般財団法人日本立地センターが運営するサイトです。

企業立地の相談・調査や企業誘致サポート事業など、産業立地に係る情報が掲載されています。

○日本政策金融公庫／https://www.jfc.go.jp/

100％政府出資の政策金融機関であり、銀行などの一般の金融機関を補完し、国民生活の向上を目的とする日本政策金融公庫が運営するサイトです。セーフティーネット貸付や創業融資など、金融政策の幅広い情報が掲載されています。

第2編

観光課編

観光課の仕事というのは、たくさんの観光客に来てもらうことが主な目標であり、いかに他の地域の人々に、行ってみたい、感じてみたいと思ってもらえるような事業を進められるかが大切で、仕事の工夫によるところが大きく占めます。そのため、手続きやルールはあるものの、これを必ずやらなければならないというように決まっていることよりも、仕事を行うにあたって、発想や組立て、状況判断力等が求められます。

　そして、すべての自治体がそうとは限りませんが、観光客の多くは、週末や祝日を利用することから、観光課の仕事は休日出勤が多いと思います。

　このようなことからも、観光課の仕事は、役所としては独特な内容とも言え、それを面白いと思う人もいれば、つらいと思う人もいると思います。観光客のニーズが多様化している現在ですので、インターネットが得意な方は情報発信を、外国語を話せる人ならインバウンドをなどと、得意なことを活用しながら、前向きに仕事を進めれば、自分の自治体の観光も前向きになってくるという気持ちを持って臨んでみてはいかがでしょう。

　前段で記載しましたが、観光課の仕事はマニュアル化しづらく、各自治体の持つものによって戦略もそれぞれで、これが正解というものを示し難いと思います。そのため、本書では、水戸市の事例を中心に紹介させていただいていますが、あくまで参考にすぎません。少しでも参考になり、仕事を進めていくうえでヒントになれば幸いです。やり方は様々、あとはあなたの工夫次第になります。

第 1 章

観光とは

第1章 ┃ 観光とは

Ⅰ 観光という言葉

　観光というと、多くの人は、休日において自由な気分となり、日常から解放されることを楽しむため、他所に行く旅行を想像されると思います。よく言われることですが、観光とは〝光〟を〝観る〟と書きます。光とはなんでしょうか。

　日本で観光という語が使用されたのは、1855（安政2）年にオランダから徳川幕府に寄贈された木造蒸気船を幕府が軍艦として「観光丸」と名づけたのが最初であり、国の威光を海外に示す意味が込められていたといわれているそうです。現代の私たちが受け止めている意味とは若干違うように感じますが、自らの地域の光るものを別の土地の方々に示し、そして、その示された光を観に、触れに、味わいに、学びに、という意味では通ずると考えられます。

　日本という島国は、海や川、山や平野など決して大きくない国の中に多くの自然が存在しています。また、その自然の中では、人が行き交い、産物が生まれ、独特の文化や歴史が生まれてきました。そのため、地域ごとに持っている光るものは多種多様であり、多種多様であるからこそ観光を楽しむことができ、独自性のある観光地が生まれてきました。

　では、法律によって市町村が行うこととされている事務や、市町村独自に定めた住民サービスなど行政事務をこなすはずの役所において、なぜ、多くの役所が「観光」に関連する部署を設けているのでしょうか。

　例えば、友人のいるA市へ旅行に行くとします。まずは駅で電車に乗るためにA市までの電車の乗車券と特急券を購入します。A市に到

着して市内を巡るためにレンタサイクルを借用し、まずは腹ごしらえ
をするためご当地グルメを食べに。その後は、博物館や神社などの観
光スポットを巡りつつ、イベント広場で物産展が開催されていたので
立ち寄り、地元の名物をつまみながら、お土産を購入。ホテルにチェッ
クインする前に、駅前の土産物店でも名産品を購入しました。夕食は、
友人と居酒屋で郷土料理を食して楽しい時間を過ごし、2次会にも
行った後はタクシーでホテルに戻りました。こうして1日は終わった
のですが、1日を過ごすだけで、電車やタクシー、レンタサイクルの
交通機関の利用をはじめ、昼食や夕食、グルメなどの飲食、そして、
土産品購入や入館料など、改めて考えると、様々な支出をしてきまし
た。しかし、楽しい旅だからこそ、そして、なかなか行くことができ
ない土地だからこそ財布のひもは緩んでしまいます。

　観光が、消費を生むことはお分かりかと思いますが、販売店の売上
が向上するのみならず、その商品を作る企業が育ち、また、そこで働
いている人々の雇用にもつながります。さらには、商品の原材料を作
っている、採取している企業や個人にも同じことが言えます。観光と
は、地域の商業や工業、農業、水産業を活性化させる大きな役割を担
っており、まさに、地域経済を活性化させるエンジンともいえます。

　そのことから、各市町村においては、観光課や商工観光課、産業振
興課など、名前こそ違いながらも観光の推進を図っているところであ
ります。

第1章 | 観光とは

Ⅱ 観光の動向

　観光は、その時代、時代の人々が望むものや、交通体系、文化や自然環境の変化等とともに、そのスタイルを変えてきました。

　私が初めて観光の業務に携わった平成９年度の頃は、「観光地というと、大体どことどこ」のように概ね決まっていたような気がします。個性的な自然や施設があることで観光客が数多く来訪し、その中から食や土産などが生まれ、観光客に対してどのように接すれば喜ばれるかの受入体制整備や経験・知識の獲得など、長い歴史を重ねて観光地として育んできた結果、市町村によって観光地であるか、観光地でないかの差が大きく開いてきたのだと思います。

　しかし、経済に回復の兆しが見えないことや、観光客のニーズが多様化したことで観光スポットを持っていなかった市町村にもチャンスが訪れたこと等により、多くの自治体では観光に注力するようになりました。ある意味、観光を推進する市町村間においてはライバルだらけの下剋上の時代となってきたのです。老舗の看板だけでは生きていけなくなるというのはいつの時代も一緒で、老舗と呼ばれるまで生き抜いてきた店は、時代の流れを読み取り、工夫し、たゆまぬ努力をしてきたからであり、市町村においても、時流を見極め、戦略を立てていかなければなりません。そして、時期を同じくして海外からの観光客が増加してきました。

　外国からの観光客は、日本政府観光局（JNTO）の発表による集計によると、平成28年の訪日外客数は、前年の約1,974万人から21.8％増の約2,404万人と大幅に増加しており、10年前の平成19年の約835万人と比較すると、およそ2.9倍にも達しています。

100

Ⅱ　観光の動向

【訪日外客数】
(単位：万人)

年（平成）	19	20	21	22	23	24	25	26	27	28
訪日外客数	835	835	679	861	622	836	1,036	1,341	1,974	2,404

　この背景には、国において訪日外国人旅行者の増加を目的とした訪日プロモーション事業「ビジット・ジャパン・キャンペーン」を平成15年に発足し、訪日旅行者数の明確な目標を掲げ、観光ビザの緩和や海外プロモーションなど、様々な事業展開を行ってきた効果と考えられます。

　また、昭和38年施行の「観光基本法」の全部を改正し、平成19年には「観光立国推進基本法」を施行しており、基本法に基づき「観光立国推進基本計画」が策定されています。さらに、翌平成20年には、平成13年の省庁再編後に初めて設置される〝庁〟が、国土交通省内に観光庁として創設され、観光に対する体制や事業が強化されるなど、

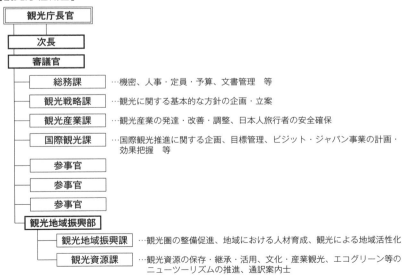

【観光庁組織図】

（観光庁ホームページより）

101

第1章 │ 観光とは

国は観光振興に対して大きく注力しているところです。

　平成29年度からの新たな観光立国推進基本計画においては、拡大する世界の観光需要を取り込み、世界が訪れたくなる「観光先進国・日本」への飛躍を図ることを方向性としており、右表のとおり、平成32年までの目標を掲げ、①国際競争力の高い魅力ある観光地域の形成、②観光産業の国際競争力の強化及び観光の振興に寄与する人材の育成、③国際観光の振興、④観光旅行の促進のための環境の整備を、政府が総合的かつ計画的に講ずべき施策として位置づけ、事業を展開しています。

　インバウンド観光も含め、地方自治体に対する観光地域づくりへの支援メニューは充実されてきており、国の施策や動向を把握しながら、自分の自治体に合った支援策を取り入れ、観光振興へ有効な活用を図ることができるかが重要となっています。

【観光立国推進基本計画期間における基本的な目標】

(計画期間：平成29年度から平成32年度まで)

> **１．国内観光の拡大・充実**
>
> 　１）国内旅行消費額：21兆円【平成27年実績値：20.4兆円】
>
> **２．国際観光の拡大・充実**
>
> 　２）訪日外国人旅行者数：4,000万人【平成27年実績値：1,974万人】
>
> 　３）訪日外国人旅行消費額：8兆円【平成27年実績値：3.5兆円】
>
> 　４）訪日外国人旅行者に占めるリピーター数：2,400万人【平成27年実績値：1,159万人】
>
> 　５）訪日外国人旅行者の地方部における延べ宿泊者数：7,000万人泊【平成27年実績値：2,514万人泊】
>
> 　６）アジア主要国における国際会議の開催件数に占める割合：3割以上・アジア最大の開催国【平成27年実績値：26.1％・アジア最大】
>
> **３．国際相互交流の推進**
>
> 　７）日本人の海外旅行者数　2,000万人【平成27年実績値：1,621万人】

第 2 章

観光課とはどんなところ?

役所としての位置づけと役割

第2章 | 観光課とはどんなところ？ 役所としての位置づけと役割

観光課の役割

1 役所における組織

　観光客の来訪は、宿泊や土産品販売、飲食、さらには、交通など、いわゆる観光産業の活性化につながります。また、まちなか観光やグリーンツーリズムなどのように、商業や農業、工業など、これまでは産業としか捉えられてこなかった分野の連携についてもさらなる観光誘客施策として活用が必要となっています。

　水戸市においては、商工課や農政課、農業技術センター等とともに産業経済部に観光課が属しています。観光事業を進めるうえでは、商工団体や農業団体等の各組織の協力を得られることが必要であり、同じ部内であるため、部長の統括のもと連携を行いやすく、それぞれ円滑な協力体制を得ることができています。

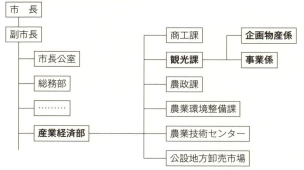

【水戸市の組織（観光課）】

　近年においては、コンベンションをはじめ、文化振興や国際的な交流、そして、おもてなしなど、観光振興を図るうえでの施策が多様化していることから、文化やスポーツと観光を融合させた部や課を設ける自治体も多くみられるようになっています。

I　観光課の役割

　水戸市観光課の組織体制については、企画物産係と事業係の2係体制となっており、観光振興施策を進めるうえで特色の異なる事業をそれぞれ所管しています。

係名	主な事業
企画物産係	○**観光基本計画進行管理** ・観光審議会 ○**物産振興** ・観光と物産展　・優良観光土産品登録制度 ・伝統産業（水戸黒、七面焼）育成 ・食資源開発、観光物産販路拡大 ・乾杯条例 ○**広域観光の推進** ・いばらき県央地域観光協議会等 ・広域観光ルートの周知 ○**インバウンド観光の推進** ・外国人観光客誘致と海外への情報発信、受入体制強化 ○**観光関連団体** ・水戸大使 ・全国梅サミット等 ○**弘道館東側用地整備事業** ○**観光客動態調査** ○**庶務**
事業係	○**観光イベント推進** ・水戸黄門まつり、水戸の梅まつり等 ・水戸黄門さま漫遊ウォーク ・観光漫遊バス ○**広報・誘客事業** ・パンフレット作成 ・ホームページ管理等 ○**ホスピタリティ普及** ・市民観光ボランティア ・優良タクシー乗務員認定制度 ・おもてなしマイスター ○**マスコットキャラクターの活用** ・みとちゃん ○**観光案内板や観光施設の整備** ○**水戸観光コンベンション協会連携** ・イベント等の連携 ・コンベンション事業推進

第2章 ｜ 観光課とはどんなところ？　役所としての位置づけと役割

2　関係課との協力関係

　観光交流人口の増加を図るため、その施策は市全体の取組として進められるようになってきました。観光客誘致や受入体制強化を図ることに加え、スポーツや文化事業等によるコンベンション対応や、おもてなし、情報発信のほか、インバウンド観光（国際観光）など、観光に期待される事業は増加しています。また、他の課の事業に対しても、観光客を迎え入れる視点についての意見や情報を提供する場面も増えています。

　これらのことから、役所内の関係課との調整や情報共有など、協力体制を構築することは重要であり、連携を深め、お互いの課の仕事内容の知識を得ることや、現況や動向を把握することにもつながり、観光振興への活かし方のヒントをつかむ場合もあります。

　また、組織としての連携力はもちろんですが、担当者としても日頃からの信用、信頼により仕事が円滑に進む場面も多いので、仕事に取り組む姿勢を正すことも大切なことと思います。

【観光課が連携する主な事業】

・情報発信　・交通施策　・地域コミュニティ　・スポーツ
・文化振興　・国際交流　・情報政策　・商業　・農業
・公園　・景観形成　・まちなか整備

Ⅱ 観光基本計画

1 観光基本計画の位置づけ

　自治体においては、総合的、かつ計画的な行政運営及び、市民、事業者等の社会経済活動の指針となる総合計画を策定しています。それは、自治体すべての計画の基本となるもので、地域づくりの最上位に位置づけられるものです。

　その総合計画の分野別計画のひとつとして、観光事業について長期的な展望を持ち、計画的に、かつ戦略的に推進するため策定するものが観光基本計画です。観光ビジョンや観光戦略プランなど、自治体によって呼称は様々かと思いますが、この基本計画は、観光事業を進めるバイブルとなります。

【水戸市観光基本計画（第３次）の位置づけ】

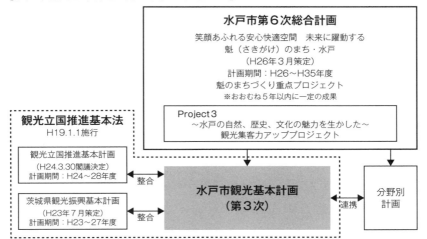

第2章 | 観光課とはどんなところ？ 役所としての位置づけと役割

2 観光基本計画の内容

　基本計画策定にあたっては、まず、基本計画の位置づけや計画期間等の基本的事項を明確にします。策定の前提となる現況を整理したうえで課題を見出し、その対応すべき基本計画の柱である将来目指すイメージや目標値、基本戦略、施策体系など、基本的方向を設定します。

　施策体系から展開する各施策については、観光に資する事業について具体的な事業を設定します。この施策の展開については、関係各課や関係団体と横の連携が重要となります。先導的な事業については、優先事業として明確に数値目標を設定して位置づけを行います。

　最後に、この基本計画の推進体制として行政や市民の役割、PDCAサイクルによる進行管理、チェック機能を整理します。

【水戸市観光基本計画（第3次）の概要】

○**計画期間**

　平成27年度から平成35年度までの9年間

○**目指す将来イメージ**

　「おもてなしと歴史・文化・自然によって新たな感動に出会えるまち　水戸」

○**目次**

　第1章　計画策定の基本的事項

　　1　計画策定の趣旨　2　計画の位置付け　3　計画期間

　第2章　現況と課題

　　1　現況　2　観光客のニーズ　3　水戸市のイメージ

　　4　水戸市観光産業振興会議からの意見　5　課題

　第3章　計画の基本的方向

　　1　計画の基本的姿勢　2　目指す将来イメージ

　　3　目標値の設定　4　基本戦略　5　施策の体系

　第4章　施策の展開

Ⅱ　観光基本計画

　　1　訪れてみたいと思える観光まちづくり（観光資源の魅力向上）
　　2　巡りたいと思える観光まちづくり（観光連携力の強化）
　　3　伝えたいと思える観光まちづくり（情報発信力の強化）
第5章　先導プロジェクト
　　1　歴史観光まちづくり推進プロジェクト
　　2　スポーツ・文化観光まちづくり推進プロジェクト
　　3　自然観光まちづくり推進プロジェクト
　　4　インバウンド観光（国際観光）推進プロジェクト
　　5　市民おもてなし運動推進プロジェクト
第6章　推進体制と進行管理
　　1　各推進主体の役割　　2　進行管理

○施策の体系

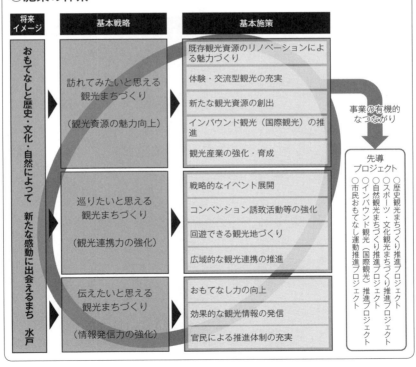

第2章 ┃ 観光課とはどんなところ？ 役所としての位置づけと役割

3 観光基本計画の策定

　基本計画を策定する準備として、まずは状況調査等によって現況と課題を整理しておきます。

　策定にあたっては、観光関係の団体や学識経験者からの意見を取り入れるためにも、審議する組織に対して市長から「観光基本計画の策定について」諮問します。水戸市においては、観光開発の推進を図る目的で設置されている水戸市観光審議会に諮問しました。観光審議会とともに、庁内においても関係課長により構成する検討委員会を開催して、それぞれの意見を反映させ素案の取りまとめを行います。

　まとめられた素案については、市民から幅広く意見を徴取するため意見公募を行い、その意見について検討を行い、観光審議会として市長に答申が行われます。最終的には、庁議を開催して、その決定により基本計画の策定となります。

Ⅱ　観光基本計画

【水戸市観光基本計画策定フロー】

現況調査
　　　　・基礎調査（観光客動態、観光の動向）
　　　　・アンケート調査（観光客、旅行業社、県外居住者等のニーズ）
諮　問
　　　　・市長が観光審議会へ諮問
審　議
　　　　・観光審議会　・庁内検討委員会　・観光産業振興会議等
意見公募
　　　　・市民から意見を徴取
　　　　・意見・提案について観光審議会、庁内検討委員会で協議・
調整
答　申
　　　　・観光審議会会長が市長へ答申
決　定
　　　　・庁議により基本計画の決定

観光協会

1　観光協会とは

　多くの自治体では、行政として観光を担当する課の他に、補完的な業務を行う「観光協会」が設けられています。その事業内容は、各地域の観光振興に対する方向性によりそれぞれ異なっていますが、地方自治体、観光事業者、交通事業者などとの連絡調整や、観光イベントの開催、観光情報の発言、観光客誘致活動、旅行エージェントへのプレゼンテーション、各種メディア等への情報提供、そして、観光案内等を主に行っていると思います。近年においては、コンベンション事業に注力し観光との連携を強化させて、観光コンベンションビューローと称する団体も増えてきました。

　組織については、自治体の規模や地域の観光に対する位置づけ等により様々であり、観光地と呼ばれる市の多くは社団法人もしくは財団法人の法人形態をとっております。法人は、平成20年の公益法人制度改革によって、条件を満たすことにより税制上優遇措置が受けられる公益法人になることが可能となりましたが、団体の運営形態や方針等で公益法人と一般法人とに分かれています。

　また、その他の形態としては、法人化を行わず任意団体による観光協会、さらには、少数ですが特定非営利活動法人の形態や株式会社の組織としているところもあります。

Ⅲ　観光協会

【観光協会の形態事例】

団体形態	観光協会名
公益社団法人	小江戸川越観光協会 彦根観光協会 おかやま観光コンベンション協会
公益財団法人	盛岡観光コンベンション協会 名古屋観光コンベンションビューロー 高松観光コンベンション・ビューロー
一般社団法人	水戸観光コンベンション協会 日光市観光協会 金沢市観光協会 敦賀観光協会
一般財団法人	会津若松観光ビューロー 箱根町観光協会 沖縄観光コンベンションビューロー
任意団体	豊岡観光協会 柳井市観光協会
特定非営利活動 （NPO）法人	山武市観光協会 沼津観光協会 伏見観光協会

2　観光協会の組織体制

　観光協会の組織体制は、財団法人と社団法人とで体制は異なります。法人の機関として、財団法人は評議員会と理事会において、それぞれの役割のもと予算や事業計画等を決定するのに対して、社団法人は総会と理事会によることとなっています（一般社団法人及び一般財団法人に関する法律）。

　事例として、一般社団法人の水戸観光コンベンション協会の組織と会議について挙げさせていただきます。

（1）　総会

　水戸観光コンベンション協会の定款では、法人に置く会員として、〝観光コンベンション協会の趣旨に賛同する企業や個人で、理事会の承認を得た者〟を「正会員」としており、平成29年6月時点におい

115

ては、347の飲食やホテル旅館、土産販売、広告、交通から寺社等まで幅広く各界から入会いただいています。また、〝観光コンベンション協会に功労があった者、又は学識経験者その他で、会長が推薦し理事会が承認した者〟を「特別会員」、〝目的に賛同する者〟を「賛助会員」として、３種類の会員を置いています。

このうち、正会員をもって構成するのが総会です。総会の決議事項としては下記のとおり、会員や理事に関すること、予算等に関することなどを決めることとなっています。

【総会の権限】

① 会員の除名

② 理事及び監事の選任又は辞任

③ 理事及び監事の報酬等の額

④ 貸借対照表及び損益計算書の承認

⑤ 定款の変更

⑥ 解散及び残余財産の処分

⑦ その他総会で決議するものとして法令又はこの定款で定められた事項

（２） 役員

観光コンベンション協会には役員を置くことが定められており、理事は20名以上30名以内、監事は３名以内、その選任は総会の決議によります。

理事のうち１名を会長、４名以内を副会長、１名を専務理事とし、会長をもって一般社団法人及び一般財団法人に関する法律上の代表理事、専務理事をもって業務執行理事とすることも定めています。なお、選任は理事会において決議することとなります。

また、任意機関として６名以下の顧問及び相談役を置くことも定め

ており、代表理事の相談に応じること、理事会から諮問された事項について参考意見を述べることを職務としており、その選任は理事会決議です。現在は顧問が3名、相談役は置いていません。

（3） 理事会

すべての理事をもって理事会を構成しています。理事会の決議事項は下記のとおりであり、業務の執行に関することが中心となっています。

【理事会の権限】

①	この法人の業務執行の決定
②	理事の職務の執行の監督
③	会長、副会長及び専務理事の選定及び解職

なお、事業報告及び決算については、毎事業年度終了後、会長が書類を作成し、監事の監査を受けたうえで、理事会の承認を受けなければならず、定時総会に提出し報告及び承認を受けなければならないとされています。

以上のことから、組織としての1年間は概ね次頁のようになります。

第2章 ┃ 観光課とはどんなところ？　役所としての位置づけと役割

月	会議	報告・議案
4月		
5月		
6月	第1回理事会	報告：会長、専務理事の職務執行状況 議案：前年度事業報告及び収支決算
	通常総会	前年度事業報告及び収支決算
7月		
8月		
9月		
10月		
11月	第2回理事会	報告：上半期事業実績 　　　下半期事業計画 議案：臨時総会提出の議案について
	臨時総会	議案：臨時総会提出議案（人事、定款など） 報告：上半期事業実績 　　　下半期事業計画
12月		
1月		
2月		
3月	第3回理事会	議案：新年度事業計画（案） 　　　新年度収支予算（案）

※入会や人事の案件は、総会を行うタイミングで議案として提出しています。
※毎月、正副会長と事務局、観光課長により会議を行っています。

（4）　事務局

　事務局規程が定められており、職員の給与等の扱いは概ね市職員に準じたものとなっています。

　観光を取り巻く環境が変化する中で、事務局体制の強化も図らなければならず、ここ数年間において組織体制や人員等の改革を行ってきました。

Ⅲ　観光協会

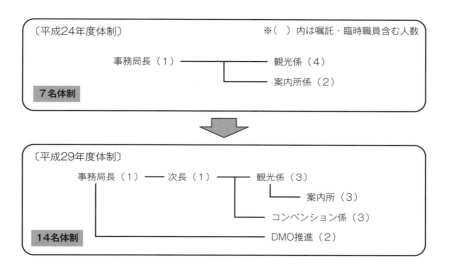

　職員については、専属職員（プロパー）5名に加え、嘱託職員、臨時職員、市の派遣職員2名による運営体制となっています。市の派遣職員の配置は、行政の立場からの視点を外郭団体に取り入れられることができるため、連携が深まり、一体感のある観光事業を進めることにつながっています。

3　観光協会の財源

　一般的に、観光協会の収入の財源としては、主に会員からの会費や、自治体からの補助金のほか、収益事業としてイベントにおける入場料や物販収入、売店や駐車場収入などがあげられます。また、コンベンション施設や博物館などの管理運営を指定管理者として受任する事例もみられます。

　財政基盤の高い観光協会においては、収益事業を行っても全体の収入に占める割合が高くならないことから、税制上の優遇措置が受けられる公益法人となる観光協会が多いようですが、全国の観光協会の割合として一般法人が多いのは、収益事業の収入を大きな財源としてい

119

るためとも考えられます。

4 観光協会の事業

　観光協会の事業は、産業経済の発展や文化の興隆を目的として、自
治体管内における観光振興をすすめるため、各種事業の企画・立案、
運営を行います。各種事業とは、まつりやイベントの開催であったり、
魅力の情報発信や、観光客の誘致や受入環境を整えることなどです。

　観光課の事業と観光協会の事業の明確な違いというのは、法律的な
定めがなく、自治体の規模や考え方により様々ではないかと思います
が、観光課は行政として観光振興の方針や施策の方向性を導き出し、
それに伴い観光協会は事業実施という形で成果を掲げていくというこ
とではないかと考えます。もちろん、観光課も自治体としての情報発
信や施設整備、市民団体等の連携などにより各種事業を展開していき
ますが、観光客がリアルに求める楽しさや感動、感激を提供するため
には、専門的な知識を有し、行政では行い難いこともできる観光協会
の事業力は大きな役割を果たすことと思います。

Ⅲ　観光協会

【水戸観光コンベンション協会事業】

> **（事業）**
>
> **第４条**　この法人は、前条の目的を達成するため、次の事業を行う。
>
> （１）国内外からの観光客の誘致並びにコンベンションの誘致及び支援
>
> （２）水戸市及び周辺地区の観光地並びにコンベンション施設の紹介宣伝
>
> （３）観光及びコンベンション情報の収集及び提供
>
> （４）観光及びコンベンションの関係機関、関係団体及び関係事業者との連携協調
>
> （５）観光及びコンベンションに関する調査研究
>
> （６）観光施設の整備運営及び受託運営並びに観光地美化の推進
>
> （７）観光及びコンベンション事業者及びその従事者の資質向上並びに接遇改善の指導
>
> （８）国内外観光客及びコンベンション関係者の受入体制の整備推進
>
> （９）観光及びコンベンションに関する出版物の刊行
>
> （10）水戸観光案内所等の運営
>
> （11）観光土産品の宣伝及び販路拡大並びに改善指導
>
> （12）水戸のまつり及びイベント等の開催並びにその他年中行事の育成保存
>
> （13）駐車場並びに売店の運営
>
> （14）国又は地方公共団体に対する献策及び協力
>
> （15）その他この法人の目的を達成するために必要

（水戸観光コンベンション協会定款抜粋）

第 **3** 章

観光課職員としての心得とシゴトのコツ

観光課職員として

1 観光課職員としての喜び

　役所の仕事は、市民が安心して暮らしやすい環境を整えるため、ゴミやし尿の処理など、生活に欠くことができないことの運用、また、道路や河川などの人々が共通で利用する施設の整備、そして、福祉や教育などと、多岐にわたっています。その多くは、法律に裏付けされ、決められたルールに従って、特色を加味しながら市町村行政が行われています。

　観光につきましては、観光そのものに規定された法律が大変少ないこともあり、観光の仕事を進めていく中では、多くの方から幅広く細かい要望やアドバイス等をいただくセクションだと思います。逆にいえば、地域の特色をどのように活かせるかの工夫により、自分の自治体がより良くなることが可能であり、決まった線路に乗って進める仕事が多い役所の仕事の中で、自分の発想を取り入れやすい、行政の仕事の中において珍しいセクションでもあります。

　自治体の方針や予算、費用対効果の検証等が必要ですので、やりたいことをすべてできるわけではありませんが、自分のアイデア次第で、多くの方々から称賛され、観光客が増加し、まちが潤うことになるという、成功の喜びを味わうことができます。言い方は良くないかもしれませんが、やって当たり前だと言われる公務員の仕事の中で、市民等から〝喜びの声が届く〟というご褒美をいただくことができるのです。

　もちろん、新しい企画を発案、実行するのには、ゼロからのスタートとなりますので、市民や観光客等からは一見感じてもらえていない

かもしれませんが、形になるまでにはかなりのエネルギーを必要とします。しかしながら、その時の達成感や満足感はとても大きなもので、自分の充実度を高められるとともに、仕事の組み立て方（テクニック）も習得できることとなり、他の課に異動したとしてもそのスキルは強みになるかと思います。

2　観光課職員としての意識

　観光課の仕事は、企画することから始まり、手続上の調整、関係団体等との連携、情報の収集及び発信、そしてイベントやキャンペーン等の実行など多岐にわたっており、そのいずれかが欠けても一つのものとして形を成すことができません。そのため、一つの方向に偏るのではなく、事務や仕事の組み立てができ、人とのコミュニケーションを大切にし、さらには多くの人前において周知や誘導を行うことができるなど、あらゆる場面にも対応できるバランスの良い職員となることを心掛けるべきかと考えます。なかなか難しいことかもしれませんが、〝心がけ〟として意識して向かえば人々の理解を得ることも多いと思います。

　また、観光の特徴として、人々に感動を与えなければならない仕事であることも忘れてはならないと思います。役所の仕事としては、法律のもとに規制や基準の設定等を行うことが多い中で、半面的に、いかに自由な発想を生かすことができるかが求められており、法律の定めや公平性の原則を踏まえ、多くの関係団体や人々の理解を得なければならないというハードルを乗り越えつつ、感動を起こしたいという前向きな心構えも大切かと思います。

　さらに、ほぼ個人的な感覚になるかもしれませんが、私は〝しん〟ということを大切にしており、それは〝信用〟や〝信頼〟のような築

くものであったり、〝信念〟〝真摯〟〝真心〟のように自分で持つべきものであり、それを振り返ることで意識を改められることがあります。

Ⅱ 机の上と実行力

1 持っているものを知る

　観光課の仕事は、観光交流人口を増加させることが大きな役割であり、観光客の誘致や受入体制の充実、観光資源の活用・創出などを行います。

　誘致とは、自治体を売り込むセールスと同じことと解釈しても良いと思います。観光客に選んでもらえる、つまり売れる自治体となるためには、自分の自治体が持つセールスポイントは何か、買い手（観光客）が欲しているものは何かなどを意識することが重要かと思います。

　そのため、まず、自分の自治体がどのような状況にあるのかを把握するべきで、現在に至るまでの先人達が残した足跡や思想・文化や、四季折々の花・木の彩りや川・海の変化などの自然、そして、人や生き物の動き、おいしい素材や食べ方などの食といった、様々な情報を入手して自分の糧とすることが大切かと思います。その情報が生かされて新たな企画につながることがありますし、観光客等に魅力を伝えて感動を与えられることもあります。自分の自治体の地域検定が開催されているのであれば、受験することも良いかもしれません。

　また、自分の自治体のみならず、世の中の流行や新しい取組を知ることも大切です。観光を取り巻く動きは活発であり、これまで観光として捉えられてこなかったものが多くの集客を呼ぶことが多く、自分一人の情報収集力では限界があるため、人生の先輩から若者まで幅広い世代から流行を聞いてみたり、一見、観光に関係のない業種・業界からも貴重な情報を獲得することも良いと思います。

　さらには、国の方針や施策を確認することで自分の自治体の向いて

127

いる方向や現況を照らし合わせることや、他市の事例を入手することにより自分の自治体との比較を行うなど、他を知ることで自分を知ることになると思います。

2 机の上で

新たな事業やリニューアルを行う場合には、まずは何を行うのか企画することから始まります。何が好まれているのかなどの世の中の動きと、好まれていることと自分の自治体の強みの接点とを照らし合わせてみて、企画のテーマを定めるべきです。そして次に、具体的な事業として何を実施するかを検討していくべきかと思います。この順番が逆になると、実施する事業ありきとなってしまい、行う事業の趣旨に厚みが増さず、一瞬的には人を呼ぶことができても長続きしない企画となってしまうことが多く見受けられます。

具体的な事業の検討については、他市の成功例や失敗例を見て研究することも、その経験や発想の切り口を知るうえで大切なことかと思います。ただし、新たな発想、楽しんでもらえる内容、地域ならではのオリジナリティあふれるものとして作るためには、その事例にだけ固執することには賛成しません。むしろ、思いつきを数多く掲げて、それを消去してみたり、つなぎ合わせてみたり、他市事例をアレンジしてみたりする工夫を用いることで思いもしなかった事業となることがあるかもしれません。

ここまでは、机の上や頭の中で整理することが可能ですが、やはり実施するのは現地ですので、イベントであれば会場となる場所に足を運び、土地の現況や確保しなければならないお客様の動線、上下水道や電力などの施設など、熟知している場所であっても再確認を行うべきです。また、キャンペーンであれば、なかなか現地に行くことは困難なので、インターネットや現地の管理者等から詳細な情報を得てお

くべきと思います。

3　実行する

　事業を実施に移すには様々な調整が必要となってきます。具体的な調整や実行については、この後の「イベントの進め方」で紹介しますが、いずれにしても調整を行う相手が存在するわけであり、内容や距離によっては電話で済ませることもできますが、行き違いや認識のずれが発生しないように直接伺って話をすることが良い効果を生むと思います。特に、初めて行う事業については、お互いの向いている方向が初めから異なっている場合があります。時間や労力を惜しまずに顔を合わせて調整することで、その趣旨や詳細を具体的に伝えられるとともに、熱意を感じてもらえ、信頼関係を築くことにつながると思います。

　事業の実施にあたっては、主催者として参加者に対する指揮を取らなければならない場面があります。イベント等では、基本的にお客様は案内板の表示や誘導路等により移動されますが、対話でなければ理解を得られ難い場面や想定外の事項が発生した場合などは、声（音声）や身振りで示さなければ伝わりません。そのため、多くの人々の前において臆することなく、分かりやすく伝える言葉や動きで、責任感を持った行動が求められます。イベントとは違いますが、話題を博したDJポリスも、混乱しない交通整理を目指した責任感のもと、多くの人々に理解してもらいやすい言葉や口調、タイミングなどを工夫して効果をあげました。あのような姿勢や行動力を見習いたいものです。

4　組織として

　役所の事業を進めるうえでは、職員がそれぞれの責任のもと連携を

第3章 ｜ 観光課職員としての心得とシゴトのコツ

行い、課としてひとつとなった取組を行いますが、特に、観光事業について は、一人では完結できない仕事が多くを占めており、細分化されている各種事業につながりを持たせるためにも、担当者として横の連携を図ることが重要です。例えば、イベント開催にあたり、イベント開催担当者と、PR等の情報発信担当者、イベントの中で行うインバウンド事業担当者などが、それぞれ自分の仕事のみを忠実に進めた場合、イベントの時間の構成や会場確保の不具合、誤った情報の発信などが想定されます。

　そのようなことを防ぐため、組織としての情報共有は重要であり、報告・連絡・相談はもちろんのこと、仕事を進める中で出てきた朗報や課題から、まちなかの新しいお店まで、細かい話題なども共有できれば、日頃から新しい情報を獲得できるとともに、仕事への意見交換や連携に対する意識付けにつながり、組織としての一体感も生まれることになると思います。そのためにも、個々が組織の一員として情報を共有することを意識し、一致団結した組織を目指すことを心掛けていただきたいと思います。

Ⅲ　様々な人や団体と連携してこそ

Ⅲ　様々な人や団体と連携してこそ

　観光は地域経済の活性化を目的としていることからも、経済を担う産業関連団体をはじめ、市民との協働事業を進める市民団体、事業実施に伴う施設管理者、そして国・県・他自治体・外郭団体等、様々な人や団体との連携を図ることが重要であります。

　〝観光客誘致〟というひとつのキーワードにしても、宿泊、食、交通、ボランティアなどが連想され、それぞれのジャンルに存在する企業や団体との情報共有・意見交換がなされれば、不便・不足している事案や、民間だからこそ発想されるアイデア、各業界の現況や動向など、さらなる観光振興を図るうえでの大切な材料を得ることができます。さらには、役所の職員としては得られない知識やノウハウを身に付けられることにもなります。

　また、観光事業の多くは、観光課単体で進めることは困難であり、連携の中で生まれた信頼は、事業の円滑化や堅固な協力体制を築くこととなり、一体感のある事業化に結びつくことも多いと思います。

【水戸市の観光事業に関連する主な団体例】

ジャンル	団体・企業名（略称）
商工業	商工会議所、商工会、商店会連合会、大型店協議会　等
宿泊	ホテル旅館生活衛生同業組合、ユースホステル協会　等
食	飲食店組合、農業協同組合、観光土産品協会、菓子工業組合、納豆商工業協働組合、水戸藩らーめん会、酒造組合　等
交通	ハイヤー連盟、旅行業協会、JR東日本、各バス会社　等
ボランティア	水戸黄門愛好会、歴史アドバイザー、茶の湯ボランティア拙誠会　等
市民	住みよいまちづくり推進協議会、地域女性団体連絡協議会、子ども会育成会、青年会議所、偕楽園公園を愛する市民の会、女性フォーラム　等

　観光振興を進めていく中において、ともに事業を実施した企業や団体の方々との出会いがあります。さらには、交流会や人を介しての出

会いなども含めてその数は多く、多ければ多種・多方面への事業展開の可能性も広がることとなります。かなり過去の話になりますが、当時の他市で開催する物産展における販売員としては、観光土産品協会と観光課職員、地元アルバイトに加え、物販企業が1社という状況でした。やはり味と魅力を上手に伝えるためには実演販売が必要であると考えましたが、新米の一担当者では世界が狭く、課内でも行ったことのない事例であるため探すことが困難でした。その時、ある業界の面識ある方から実演が可能な企業を紹介していただけ、さらには、その自信から郷土料理店にも初交渉し、いずれも見事に遠方まで参加いただくことができました。一期一会という言葉に感謝し、助けられた思いを持ちつつ、現在でも意見を交わし、相談に応ずるなど、そのつながりを大切にしています。

　行政という立場は制限が多いと思われがちですが、行政だからこそできる仕事があると思います。各業界との連携を深め、それぞれの立場で出来ることを協力し合いながら、また、補い合いながら一体的な観光振興を行うためにも、幅広く信頼あるつながりを築くことを大切にしてもらいたいです。

Ⅳ　イベントの進め方

 # Ⅳ　イベントの進め方

1　企画の立案

　イベントの開催は、よく〝段取り8分〟と言われたりしており、華やかな開催当日には見えない、企画立案や手続、調整、準備など、いわゆる裏方の仕事を行わなければなりません。

　新しい企画の実現に向けた進め方について説明します。

　まずは柱となる概要書の作成が必要で、「いつ」「どこで」「だれが」「何を目的に」「どんなことを行うか」を決定します。事例として、健康やインスタ映えをテーマに、平成29年度に初めて開催した「千波湖イルミジョグ」を具体例にさせていただきます。

整理事項	検　討	決　定
「いつ」	イルミネーションが映える冬の時期が良い。新規事業で調整等に時間を要するだろうし、認知度がないので、PRにも時間が欲しい。他イベントの開催に支障が出ないか	12月開催
「どこで」	1周にわたりジョギングロードが整備されている千波湖のうち、スタート場所は駐車場や広場、電源設備等が整備されている場所としたい	西側湖畔の黄門像広場を集合・スタート地点とする
「だれが」	観光課で実施する	主催は水戸市
「何を目的に」	観光客に水戸へ来てもらいたい。行ってみたくなる内容と情報発信が必要	光の集団が湖畔を動く様子や参加者の楽しい様子の動画撮影・情報発信
「どんなことを行う」	ジョギングしてもらうだけではなく、参加して楽しい、また参加したいと思ってもらえる内容とする	音楽、体験、盛り上げ、参加しやすさ、オリジナリティ

　整理事項をひとつずつ検討して、柱となる概要が導かれました。

　スケジュールはどうしましょう。どの時期に公表することで効果的なインパクトを与えることができ、周知までどれだけの時間が必要か。

第3章 ┃ 観光課職員としての心得とシゴトのコツ

　また、公表時期までに何を整理しなければならないかなど、必要とする時間を勘案しながらスケジュールを組み立てます。特に、初めての企画は、関係機関との調整や委託・物品購入に関する仕様の作成等に時間を要します。二歩でも、三歩でも早めに進める心がけが必要です。大まかにスケジュールを組み立ててみます。

月	スケジュール	実施すべき事項
4月	事業計画立案	実施要項（案）の作成
5月	関係機関等の調整	現地の状況確認 公園使用条件の確認
6月	詳細な運営の検討	課題抽出と対応、安全対策 必要物品等の整理
7月		
8月		
9月	最終調整	内容の庁内決定
10月	広報準備 諸契約	チラシ作製発注、ホームページ等制作 ノベルティ類（消耗品）や運営委託等の仕様書作成・契約締結
11月	イベント参加者募集	チラシ配布、市報やホームページ掲載 応募者受付・整理、保険加入
12月	イベント実施	最終準備、イベント開催

2　手続きや調整

　スケジュールが組み立てられたら、まずは会場の確保です。私たちがイベントを開催する会場としては、公的なエリアで開催することが多いと思われますが、それぞれには、場所の管理者や交通の管理者等が存在しています。法的なことはもちろん、運営者や参加者等の安心・安全性の確保、道義的な理解を得られる必要があり、同じ役所内であっても綿密な調整は必要です。一部の事例を紹介します。

○公園をイベント会場とする場合〔公園管理者（国県市の公園管理担当課）〕
調整内容
　希望する日程に他のイベント等の予約が入っていないかを確認する

IV　イベントの進め方

ことが第一です。さらには、公園内においての行為の制限や禁止され
ている事項がありますので、調整するにあたり、事前に事業内容をよ
く整理しておく必要があります。特に、公園の現状を変えてしまうよ
うな内容は慎重に行うべきです。

申請書の提出

　公園には、都市公園法など管理や使用についての法律が定められて
おり、さらには、自治体において条例も定められています。

　イベント会場となることは、公園本来の目的が変更されることとな
り、また、主催者が一帯を貸し切ることとなります。そのことから、
「公園行為申請（公園において行う内容）」と「公園占用申請（公園を独
占して使用する）」を行う必要があります。

○道路の交通規制を行いイベント会場とする場合

〔交通管理者（地元警察署交通担当課）〕、〔道路管理者（国県市の道路
管理担当課）〕

調整内容

　道路の交通規制は交通の形態を変えてしまい、特定の道路への車両
集中やうろつき交通など、交通混雑を発生させます。このことから、
迂回路案内や事前告知などを案内板等で知らせることが重要であり、
そのルートや案内地点などについて十分な打合せが必要となります。

　歩行者の安全や規制に対する対応としては、警察の方々をはじめ、
ガードマンや職員の配置など、時間や場所、人数など詳細な警備体制
の打合せが必要です。また、道路を占用することから、道路管理者と
も同様な調整が必要となります。

申請書の提出

　道路を使用してイベントを開催するにあたっては、その公益性や地
域活性化の目的により警察署長の許可を受けることができ、「道路使

135

第3章 ┃ 観光課職員としての心得とシゴトのコツ

用許可申請」が必要となります。また、道路を占用することから管理を行っている国や県、市の道路管理担当課に「道路占用許可申請」が必要となります。なお、仮設案内板や装飾の設置についても同様となります。

　上記の他にも、来客用の駐車場として既存施設の駐車場を借用する場合や、ウォーキングイベントで集団により歩道を歩く場合など、様々なイベント形態が考えられますが、管理者に対して事前の調整を行ったうえで、申請書を提出して許可を受ける必要があります。

　会場の次は、イベントの内容についてです。ステージイベントが中心であれば、ステージのスケジュールについてバランスを見ながら構成すべきでしょうし、物産イベントであれば、出店者の募集や会場レイアウトの考慮などのほか、保健所等への申請が必要な場合があります。
　手続について、一部の事例を紹介します。

○会場内で調理したものを販売する〔保健所〕
　食品提供施設を出店し、不特定多数の人に飲食物を提供する場合は、事前に保健所への「食品営業許可申請」あるいは「届出」が必要になります。
　原則として、食品営業者等が営業の一環として食品の提供を行う場合は食品営業許可申請となり、食品営業者以外の者又は食品営業者等が営業の一環としてではなく食品の提供を行う場合は届出になります。許可か届出かの判断はイベント内容や取扱食品等によって異なります。また、許可には、申請書の他に営業許可申請手数料や検便結果などの提出等も必要となりますので、主催者がまとめて申請するのか、各出

136

IV　イベントの進め方

展者ごとによる申請にするのかは、事前に整理しておく必要があります。

○酒類の販売を行う〔税務署〕

　イベントなどの会場で酒類の販売を行うにあたっては、「酒類小売業免許（期限付酒類小売業免許）等」の申請を行う必要があります。酒類製造者又は酒類販売業者が、会場などの管理者との間の契約等により販売場の設置場所が特定されていることや、特売や在庫処分ではないこと等の要件のすべてを満たさなければなりません。基本的には酒類を扱う販売者が申請するべきです。なお、酒税法では、酒場、料理店その他酒類を専ら自己の営業場において飲用に供する業については、販売業免許を受ける必要がないこととされていることから、まつりの会場においてビール等コップに注ぐなど、その場で酒類を提供するような場合は、販売業免許は必要ないと解釈されます。

　物産店舗やステージ出演者等の参加への呼びかけですが、イベントの主旨やスケール、会場等によって変わってくると思います。例えば物産イベントとして、ラーメンまつりを開催するとした場合には、ラーメン店舗が多数参加することとなりますが、サイドメニューの出店者も考えた場合、ビールやソフトドリンク等の飲料や、フライドポテトや焼き鳥等の軽食はお客様のニーズに合うと思われますが、焼きそばや丼ものなどお腹に溜まるものはラーメン出店者に迷惑かと思います。ましてや、同じ麺類では趣旨が薄れます。逆に、幅広く特産品を紹介する物産展については、競合するジャンルの商品の数を調整するほか、会場レイアウトについても、付近に位置させない気遣いが大切です。

　ステージ出演者についても同様で、音楽ステージがメインであれば

137

第3章 ┃ 観光課職員としての心得とシゴトのコツ

ジャンル性が決まって開催するのでしょうが、物産や飲食イベントと連携させたステージの場合には、ターゲットとするお客様の年齢や性別、嗜好などに合わせた方が落ち着くと思います。

内容をトータル的にコーディネートができたら、参加に対する依頼です。参加への条件や申込書をはじめ、些細なことについても必ず書面（FAX）や電子メールにて行うべきです。電話で直接会話すると意思の疎通を図れたつもりになりがちですが、記憶は非常にあいまいとなり、後々のトラブルにつながる場合があります。

正式な名称をはじめ、日程や会場、参加条件を明確に示して、それに対して了解（申込）した旨の返事を受けるということで、それぞれの向いていく方向が一緒になります。

会場や参加者、手続が見えてきたところで、委託業務等の発注を行います。

役所の職員が自ら行える業務には限界があり、音響や装飾等の設備設営や、警備やスタッフなど技能を要する人的配置など、多くは委託業務にて行うことになると思います。委託業務については、運営や広報、警備等の全ての事業をひとつの委託業務として発注する場合や、ステージ運営、テント設営、広報宣伝等を分割して、又は一部分を委託するなど、規模や状況によって選択できると思います。

いずれの形態にしても、仕様書を作成して委託契約を行うこととなります。〝いつ〟〝どこで〟〝何を〟〝いくつ〟〝どのような手法で〟などのほか、これまで調整等を行ってきた、警備員の配置位置や人数、誘導や案内に伴う案内板の内容や設置位置、物産出展者の必要機材の内訳、ステージの大きさや照明の種類など、細かな指示を組み込まなければなりません。

仕様書の作成後には、入札や見積合せを行い、契約を締結します。仕様書をもとに請負者との綿密な打合せのもと、イベントの開催に向

けた準備を進めます。

　イベント開催前には開催や募集についての広報を行います。イベントの内容によって、半年前から1か月前など様々です。旅行エージェントに対して商品化してもらいたいイベントについては、旅行エージェントにおける企画・募集・集約の期間を考えると、少なくとも半年前には日程や内容などの概要を示すことができるようにするべきと考えます。

　イベントの開催が近づき最終確認を行います。これまで行ってきた調整事項や、担当の業務、全体を見つめた運営についてなど、再確認するため課内会議を行います。分かっているつもりで意思疎通が欠けていることを防ぎ、自分のみならず他の人の業務をも改めて理解するための情報共有の場とするためです。さらには、一つの事項に全員が向き合うため、イベントに臨む一体感が生まれます。イベント規模の大小に関わらず、この課内会議は重要な位置づけと考えています。

3　イベント当日

　イベントの開催にあたっては、これまで築き上げてきたものを、正確に、忠実に実行するのですが、あってはならないけれどもアクシデントというのはどうしても発生してしまうことがあります。原因がある場合は別として、ちょっとした心構えで防ぐことができることも中にはあります。

（1）来賓の名前の間違い、呼び抜かし
　イベントのために来訪いただいたお客様ですので、名前の間違いは大変な失礼にあたります。特に、依頼した司会者が行う場合は、来賓の顔を知らないことが多く、事前に読み方のチェックや情報の共有を行うべきです。司会者のそばへ職員を配置することは、間違った時の

修正や、会場を見渡して抜けがないか確認できるので対応策のひとつであると思います。

（2）ステージイベントの進行

　ことのほか早い進行でステージイベントが進んでしまい、告知の時間よりも早めて出演させてしてしまうと、それを楽しみに正しい時間に来たお客様が見ることができなくなります。たとえ進行を委託していた場合でも、事務局としてタイムキーパーを行うべきです。空いてしまった間（時間）を持たせる、押してしまった時間を取り戻すのも、仕事の技能であると思います。また、スピーカーの音量や向きなどについても、お客様や近隣住民の方への配慮が必要となりますので、気を付けるべきと思います。

（3）屋外開催の場合の雨天対策

　屋外においてイベントを開催する場合には、雨天対策に頭を悩ませます。天気予報であらかじめ状況は把握でき、対策すべき準備は想定できるものの、手配や用意など業務がさらに付加されます。飲食を伴うものであればテントを設置して濡れないで着席できるようにすることや、ステージイベントであれば、楽器の使用は、ほぼNGですので早めの決断をすべきです。また、会場によっては水溜りの解消など足元対策が必要となります。

（4）イベントの中止

　悪天候等により中止又は延期を選択せざるを得ないこともあり得ます。そのタイミングとしては、様々な情報を収集するほか、人的・物理的手配、中止等となった場合の影響等も含めて検討し、早急な判断が求められます。

Ⅳ　イベントの進め方

　台風や大雪のように、交通機関や安全性の確保が困難な状況であれ
ば、前日に判断しホームページやSNS等で告知し、お客様の足を運ば
せなくできるものの、花火大会時に夕立が予想される場合については、
その判断には緊張します。民間企業において、詳細な時間や場所の雨
雲の動きを、過去のデータから高確率で予想できる気象予報が、有
料・無料で用意されており、判断する材料として役に立ちます。過去
には、午後4時半頃から6時までが雷雨で、以降は晴れるという気象
予報を信じて、土砂降りの雨を眺めながら開催を決断したこともあり
ました。

　中止の決断を行ったら、迷惑がかかる人をひとりでも少なくするた
めに迅速な情報発信を行う必要があります。情報の発信にあたっては、
ホームページやSNSはもちろん、会場における表示や係員配置による
丁寧な説明、また、電話への対応者の配置も必要です。花火のように
開始数時間前の中止を決定し、会場が広範囲にわたる場合には、広報
車により周知を行うことも考えられます。様々な手段によって周知す
るわけですが、ここで重要なのは、それぞれの担当者が統一した内容
や対応を共有することかと思います。延期なのか中止なのか、出店の
補償の有無、どのような経緯なのかなどの問合せや苦情が想定され、
対応する職員によって回答が変わるとさらに混乱を招くこととなりま
す。回答できることと応対方法について準備をしておくことも対策の
ひとつです。

　最後に、イベントが終了した後は後片付けです。会場の原状回復は
基本ですが、開催前よりもきれいにするため、職員みんなでゴミ拾い
も行いましょう。

141

第 4 章

観光事業を推進する

第4章 | 観光事業を推進する

　観光振興を図るにあたっては、観光客に〝行ってみたい〟と思っていただくことが重要ですが、そうなるためには、ひとつの仕事を行うことだけでは実を結ばず、様々な観光事業を連携させ推進していくこととなります。

　大きく区分すると、観光客に感動を与えるため、自分の自治体の持つ自然や歴史、文化などの地域資源の磨き上げや発掘などの「地域資源の個性と魅力の活用」を図ること、そして、その魅力を観光客に対して上手にアピールして目を向けてもらうための「観光誘客」、さらには、来られた観光客が満足して旅を楽しみ、また来たいと思っていただくための「観光客の受入れ」の３つを柱として、それぞれ施策を展開することになると思います。

　観光振興を図る事業は、地域の個性により様々な事業が存在しますが、この章においては、施策の一例を紹介したいと思います。

　また、近年の訪日外国人観光客の増加からもご存知のとおり、世界からは日本が大きくクローズアップされており、外国人観光客の誘致や受入れは重要な施策であり、それぞれの事業にインバウンド観光（国際観光）対応を付加させていく必要があります。外国人観光客は、日本人と感動するポイントが異なることも少なくなく、これまで地域の魅力と考えていなかった資源の発掘が必要であったり、外国語対応の観光案内所や多言語化された案内板の整備のような受入体制の充実など、もう一つ別の視点を持たなければならないと思います。インバウンド観光（国際観光）の紹介はしていませんが、それぞれの事業にインバウンド観光（国際観光）の要素を加味していただきたいと思います。

Ⅰ 地域の個性と魅力の活用

1 観光スポット

　なぜ、観光スポットが人々に感動を与えるのかというと、形状や景観はもちろんですが、そのものが持っている言葉では表現しがたいものに触れるからではないかと思っています。それは、歴史であり、文化、環境等であり、他には無いという、地域ごとに育まれてきた個性であると思います。

　水戸市は、江戸時代には徳川御三家のひとつ水戸藩として長い歴史を彩ってきました。水戸黄門として知られる徳川光圀公や幕末に強い信念のもと施策を進めた徳川斉昭公のような偉人（先人）であったり、日本三名園のひとつ偕楽園や日本最大級の藩校の弘道館などの歴史的建造物、そして、幕末の志士達に大きな感化をもたらし明治維新の原動力となった水戸学等の思想など、歴史は様々なものを生み出してきました。

　水戸の歴史を感じたいと思われる方は少なくありませんが、分かりやすく、新たな発見ができるように感じられれば、もっと幅広く多くの方々に興味を持っていただけることになると思います。そして、歴史性のみならず、歴史的な雰囲気を醸し出しながら、新たな見せ方も取り入れていくことも重要であると思っています。

　例えば、偕楽園については、日本三名園であるとともに、梅の名所としても知名度が高いことでご存知の方が多いと思います。観光客が期待していると思われるイメージについて整理してみました。

145

第4章 ┃ 観光事業を推進する

期待される内容	ジャンル
歴史的な建物等が見たい、知らない史実を知りたい	歴史
たくさんの梅の花を観てみたい、 近くにも千波湖という湖があるらしい	自然
広々とした公園らしい、庭園の造形美を感じたい	文化
有名なので一度は行きたい	知名度
子供も楽しめるか、お茶会に参加したい	体験

　このように、期待される内容は観光客ごとに様々であると考えており、歴史や自然、文化を感じたいという観光客のニーズには観光資源と調和した景観の形成などのハード事業を推進するとともに、観光資源が持つ魅力を理解してもらうことができるソフト事業を合わせて展開していくべきと考えています。また、知名度に期待するニーズもあることから、観光資源のみならず観光地としての地域のブランド力を向上させることも必要です。さらには、体験などの、これまで持ち合わせてこなかったジャンルにも目を向けていかなければ、新たな観光客の誘致にもつながりません。

　創建当時の偕楽園には、現在観光客が一般的に入っている東門は存在せず、表門（正門）から入るのが一般的で、表門から一の木戸を抜けると、孟宗竹林、大杉森、クマザサが茂る幽遠閑寂な「陰の世界」が広がります。さらに、その先へ進んでいくと好文亭が現れ、見晴らしがよく開かれた「陽の世界」を感じることができます。造園した徳川斉昭公は「偕楽園記」のなかで、「陰と陽の相反するものの調和によって、万物は健全育成するという原理に基づき、人間もまた屈伸して身体や心の調和を図り、修養につとめよ」と書き表しています。陰から陽へ、正しい順路で歩けば、偕楽園本来の姿を知ることができることから、表門からの入園を推奨しており、ホームページやパンフレット等に記載するとともに、歴史アドバイザーによる観光客への紹介や、視察等ではあえて表門から入園してもらうなど、歴史性と自

然・文化の調和を合わせて感じていただいております。また、県道から表門に通ずる市道を「好文亭表門通り」として愛称を選定しており、道路改良及び電線共同溝整備、路面のカラー舗装化等を実施し、道路景観に歴史的イメージを付与させる整備も行っています。

さらに、平成27年には、足利市、備前市、日田市の4市により共同で日本遺産に申請していた「近世日本の教育遺産群－学ぶ心・礼節の本源－」が認定され、水戸市の構成文化財である弘道館、常磐公園（偕楽園）、旧水戸彰考館跡などの知名度が高められるなど、地域ブランド力の向上を図っているところであります。

さらに、歴史や自然のイメージが強い偕楽園であったことから、これまで梅まつり等においては、野点茶会やひな流し、琴の演奏など、イメージを損なわないイベント内容が中心でしたが、観梅着物DAYのような和文化体験型の催しや、プロジェクションマッピングやみとちゃんお誕生会、水戸納豆早食い世界大会のような、多世代の方々が、偕楽園という舞台にて楽しめるイベントも開催するなど、参加・体験ができる観光の取組にも注力しています。

このほかにも、豊富な歴史的資源や豊かな自然及び文化について、さらなる魅力づくりを進めるとともに、その周辺の環境整備により、「天下の魁・水戸」にふさわしい風格ある観光拠点づくりを進めることとしています。

第4章 │ 観光事業を推進する

【水戸市の主な観光資源魅力向上の施策例】

ジャンル	施策例	具体例
歴史	水戸ならではの歴史まちづくりの推進	・水戸城大手門復元整備 ・ロマンチックゾーンのカラー舗装
文化	水戸らしい芸術文化の創造・発信	・新市民会館整備 ・水戸芸術館ライトアッププロジェクト
自然	緑豊かな空間の形成	・英国式庭園（七ツ洞公園）整備 ・植物公園の再整備 ・千波湖の水際園路やジョギングロード整備
スポーツ	スポーツの拠点づくり	・東町運動公園整備 ・スポーツコンベンション誘致

2 まつりやイベント

（1）まつりやイベント

　まつりやイベントの開催は、日常の生活のリズムの中では味わえない非日常の瞬間を味わうことができることから、特定の日程にもかかわらず、多くの人々が集います。それは、観客であったり参加者であったり、それぞれ立場や目的が異なる人々が会場に足を運びます。

　人が集まれば、そこに商店会や飲食店の出店があり、また、会場までの交通機関利用、夜間までのイベントであれば宿泊も伴うなど、短い日数でも多大な経済効果を得られることになります。また、その内容によっては、自治体のイメージ向上にもつながることになります。

　そのため、イベント等の内容が、どれだけ人の心を惹きつけるものとするのかが重要であると思います。時代の流れとともに観光客のニーズが変わってきていることと同様に、まつりやイベントに求められるニーズも変化しており、伝統か改革かを見つめながら、より良い内容としていかなければなりません。

　イベント等は、市民や関係団体等で構成する実行委員会によって開催されることが多いと思います。それは、自治体や観光協会等の行政的立場の視点や実行だけではなく、様々な意見を反映させ企画の検討を行い、多くの関係者や団体等の行動力や経験を取り入れながらイベ

148

Ⅰ　地域の個性と魅力の活用

ント等を作り上げていくことができるからです。大規模なイベント等ほど、開催にあたっては多くの人々の力が必要で、日ごろからの付き合いも含め、深い連携により、大イベントに成すことができると考えています。

　実行委員会の事務局については、市や観光協会が担うものばかりではなく、地域や市民団体、NPO等が行うものなど、趣旨によりいろいろな形態をとっているようです。

　水戸市においては、全国的にも梅の名所で知られている偕楽園等を会場とした「水戸の梅まつり」をはじめ、四季や歴史、文化に触れることができる様々なまつりを開催しており、〝水戸ならでは〟を感じるために、県内外から多くの観光客の方々にお越しいただいています。

　このほか、街なかへの集客と賑わいを創出することを目的に、中心市街地の目抜き通り約２kmを歩行者天国にして、市民や団体などが自由に出店するイベント「MITOまちなかフェスティバル（事務局：商工課）」や、自然環境やエコなどの大切さを、楽しみながら感じてもらうイベント「水戸市環境フェア（事務局：環境課・ごみ対策課・市民生活課）」など、市民に対してメッセージを送るイベントも数多く開催しております。さらには、水戸市において消費量の多いカレーライスに焦点を当てて、個性あるカレーを食することができるイベント「カレーバトル」や、ひとつのチケットで３店の飲食店のサービスを受けられる飲み歩きイベント「水戸バー・バル・バール」など、民間団体のプロジェクトが運営しているイベントなどもあります。

　ここでは、観光課の仕事ということで、多くの観光客の方々に訪れていただくことを目的とした、観光課が所管する、いわゆる観光まつりやイベントについてご案内させていただきます。

149

第4章 ┃ 観光事業を推進する

【水戸市の主なまつり（平成28年度）】

名称	期間	会場	観客数
桜まつり	4/ 1 （金） ～ 4/15 （金）	桜山、桜川、千波湖等	103,400人
つつじまつり	4/16 （土） ～ 5/ 8 （日）	偕楽園、森林公園	140,700人
あじさいまつり	6/12 （日） ～ 7/ 3 （日）	保和苑及び周辺史跡	108,000人
水戸黄門まつり	8/ 5 （金） ～ 8/ 7 （日）	市内	933,000人
萩まつり	9/ 1 （木） ～ 9/20 （火）	偕楽園	43,900人
菊花展	10/25 （火） ～11/15 （火）	茨城県三の丸庁舎広場	29,000人
梅まつり	2/18 （土） ～ 3/31 （金）	偕楽園・弘道館	587,300人

（2）まつりの工夫や変遷

　「水戸といえば、納豆に水戸黄門、梅の偕楽園」と、よくお客様から言われますが、全国的に知られているものが自分のふるさとにあるのは、私も水戸人としてとても誇りに感じているところです。しかしながら、勝手に知られてきたわけではなく、知名度がある理由には先輩たちの知恵や工夫によるところがあります。

　納豆については、次の「食や土産品」の項で紹介しますが、水戸黄門や偕楽園については、そもそもあった個性ある地域資源を上手に活用して、多くのお客様に来てもらえることとなり、それが口コミ等で知られ、〝水戸といえば〟と言われるまでになったのです。

　工夫という視点から、水戸黄門さまの知名度をさらに向上させた「水戸黄門まつり」を例に、まつりの発展や運営等について紹介します。

　水戸黄門まつりの起源は、昭和36年に、『水戸黄門、助さん、格さん 大暴れ』という映画の撮影の際、主演の月形龍之介さんが水戸黄門の旅姿で水戸市役所を表敬訪問したことから黄門まつりのアイデアが生まれ、同年8月に、これまで商店街で開催していた七夕まつりと合わせ「第1回水戸の七夕黄門まつり」を開催しました。当時は映画館でしか見ることができなかった、水戸黄門さまの旅姿衣装や雰囲気などを味わうために、多くの観光客が訪れて、黒山の賑わいだったと伺っています。

150

Ⅰ　地域の個性と魅力の活用

　その後は、テレビドラマ「水戸黄門」の出演俳優の参加や、まつり
音頭となる「黄門囃子（唄：橋幸夫さん）」を作成して、現在の「市民
カーニバル」の前身の黄門囃子コンテストを開催するなど、時代の流
れとともに大小のリニューアルを重ねながら進化し続けてきました。
　平成29年には、市民参加をはじめ、より観光客が訪れるまつりを
目指すため、運営関係者をはじめ旅行業や宿泊業、学生、市民団体等
による構成で「リニューアル検討部会」を設置して、様々な意見やア
イデアを交わして、新たな水戸黄門まつりを目指しているところです。

【水戸黄門まつりの変遷】

年号	回数	内容
1961（昭和36）年	第1回	「第1回水戸の七夕黄門まつり」として開催。
1964（昭和39）年	第4回	「黄門囃子（唄：橋幸夫さん等）」を制作。黄門囃子コンテストを開催
1970（昭和45）年	第10回	「ごきげん水戸さん」を制作
1971（昭和46）年	第11回	テレビドラマ「水戸黄門」の俳優（杉良太郎さん、横内正さん）が旅姿衣装で参加
1986（昭和61）年	第26回	「第1回市民カーニバル」を開催
1989（平成元）年	第29回	「ミス七夕黄門まつり」開催
1992（平成4）年	第32回	「水戸の七夕黄門まつり」から「水戸黄門まつり」に名称変更
1997（平成9）年	第37回	「水戸黄門一行行列」のみを秋に移行させ、「水戸藩時代まつり」として開催
2000（平成12）年	第40回	「市民カーニバル」の曲調を変更する
2003（平成15）年	第43回	テレビドラマ「水戸黄門」出演の俳優の参加により「第1回水戸黄門パレード」を開催
2017（平成29）年	第57回	水戸黄門まつりリニューアル検討部会の設置

（3）まつりの運営

　現在の水戸黄門まつりは、水戸黄門パレードや花火大会、市民カー
ニバル、山車巡行、神輿渡御など、8月第1週目の3日間にわたって
多彩なイベントを開催しています。

第4章　観光事業を推進する

【平成29年度水戸黄門まつりの主なイベント内容】

	イベント名	内　容
第1日目 （8/4（金））	花火大会	日本一の花火師〝野村花火工業〟による花火大会
第2日目 （8/5（土））	水戸黄門パレード 市民カーニバルinMITO	水戸黄門一行や俳優参加、ちびっこ黄門、音楽等によるパレード 47チーム3,229人参加によるカーニバル
第3日目 （8/6（日））	神輿連合渡御 山車フェスティバル タウンフェスティバル	14基の神輿の渡御 14基の山車の競演 各商店会の自由イベント

　このまつりを実施するにあたっては、実行委員会を組織し、準備から実施まで行っています。

　水戸観光コンベンション協会会長が実行委員会会長を務め、商工会議所や商工会、商店会連合会等の商工団体をはじめ、地域コミュニティ、女性団体、子ども会育成連合会など、地域の様々な団体に

よって構成しており、事務局は観光誘客を担う水戸観光コンベンション協会が行っています。

152

Ⅰ　地域の個性と魅力の活用

【水戸黄門まつり実行委員会組織図】

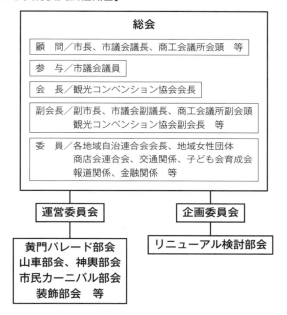

　まつり開催までには、実行委員会の各会議をはじめ、各イベントの実施に伴う調整、イベント周知のための告知、会場の手配など、いわゆる段取りを進めてきます。

　始めに、各イベント実施を行う〝部会〟により構成する〝運営委員会〟を開催します。今年度のそれぞれのイベントにおいて、どのような特色を出すのか、昨年の反省点を生かすことができているのかなど、各イベントの磨き上げを図るとともに、イベント間における連携の可能性などが話し合われます。また、事務局からも新たな企画の提案も行い、まつりの骨格となる方針を決めて概要（案）を作成します。

　運営委員会では、決定した内容を総会に提案します。総会においては、様々な各界各層の方々が参加することから、運営委員会とは視点の違った意見も出され、これらの意見をまとめ上げて概要を決定します。

　概要の決定により、事務局は許可の手続きやPR等を進めるととも

第4章 ┃ 観光事業を推進する

に（「イベントの進め方」、「情報の発信」参照）、各イベントに関連する調整を進めるため、各部会を開催します。職員は担当する部会を受け持ち、イベント内容の具体化を行います。部会員の構成は、イベント内容によって様々で、その多くは市民や企業であり、部会を進めていくと、多くの人々の力によって成り立っているまつりということを改めて感じさせられます。

部会名	人数	主な構成団体等（略名）
水戸黄門パレード部会	23人	子ども会育成連合会、ボーイ・ガールスカウト連絡協議会、高校生ボランティア　等
市民カーニバル部会	9人	地域女性団体連合会、JR東日本、測量業組合　等
神輿部会	－	神輿連合会（神社の神輿会の連合体）
山車部会	29人	山車参加団体
タウンフェスティバル部会	17人	祭エリアの各商店会、水戸商工会議所
装飾部会	－	祭エリアの各商店会、大型店協議会、水戸商工会議所　等

　まつり開催までには、約3～4回の部会と、約2回の運営委員会と総会を開催します。2回目の総会にはかなり具体的な内容も調整でき、最終的な内容の確認ということになります。そして、まつりの当日を迎えることとなります。

【水戸黄門まつり開催までの主なスケジュール】

日程	会議等	概要
4月	第1回運営委員会	各部会の提案調整
5月	第1回実行委員会総会	事業計画案、予算案
6月	各部会	提案の具体的な調整
7月	第2回運営委員会 第2回実行委員会	各部会の実施内容集約、総合的な調整、最終的な決定
8月	水戸黄門まつり	まつり開催

3　食や土産品

　食や土産品は、地域らしさを出しやすい観光資源であり、観光客にとって、〝その土地ならではの食材〟で、〝その土地ならではの調理法〟により、〝その土地だからこそ食べられる〟といった、地域の個性を

I　地域の個性と魅力の活用

求めるという旅行の目的のひとつに合致すると思います。

　観光基本計画を策定する際に行った県外在住者からのアンケート調査の中では、観光に興味がある分野として、食は、自然景観、温泉に次いで3番目に多い回答となっています。

　食や土産品を地域の観光的な魅力とするため、食材の生産や調理・加工などの活用方法について独自性、季節性、希少性といった要素を有効に活用して、地域の個性を表現することが効果的かと思います。そのことから、既存の食資源の充実や農産物のブランド化、観光特産品の魅力向上を図る必要があります。

（1）　食資源の充実と農産物のブランド化

　水戸といえば納豆のイメージが強く、上記アンケート調査の中において「水戸と聞いて思い浮かべるもの」は、水戸黄門や梅、偕楽園を抑えて、納豆が1番多い回答となっています。

水戸と聞いて思い浮かべるもの		
順	もの・こと	回答率
1	水戸納豆	51.5%
2	水戸黄門	36.2%
3	梅	18.5%
4	偕楽園	9.0%

　このことから、納豆に期待をして水戸に来る観光客が多いことが想定され、市内飲食店では納豆のフルコースやねばり丼のほか、納豆のてんぷらやオムレツなど加工した料理なども用意しています。市においても、これらの料理や店舗を紹介するパンフレットを作成して観光客や市民にPRするとともに、茨城県納豆商工業協同組合水戸支部と連携し、納豆の日イベントを開催するなど、食材として、土産品として納豆を広く周知しています。

　また、食に関心が高かった徳川光圀公（水戸黄門さま）が食した料理を現代風に再現した「黄門料理」や「水戸藩らーめん」など歴史に裏付けされた食の開発が関係団体や飲食店の連携のもと行われています。さらに、老舗店が数多くあるうなぎや、市民消費金額の高いスイ

155

ーツなど、水戸のイメージとして知られてこなかった食資源の活用も検討していかなければならないと考えています。

　農産物のブランド化を図る取組として、「水戸の梅産地づくり事業」を進めており、新しい栽培技術ジョイント栽培方式を取り入れて水戸産梅「ふくゆい」を誕生させました。「ふくゆい」は、加工・販売業者との契約栽培により、産業として成り立つ農業につながるとともに、農業、商業、工業、そして観光における地域ブランドとしての成長が期待されています。また、水戸菓子工業協同組合の有志12社が水戸産の梅を活用し、新たな水戸のブランドとなる梅の銘菓をつくる取組として「水戸梅お菓子プロジェクト」を推進し、新たな商品が開発されています。

（2）　優良観光土産品制度

　水戸市では、観光土産品の品質向上及び普及を図ることを目的とし、水戸市優良観光土産品推奨制度を設けています。

　「水戸市優良観光土産品推奨規則」により推奨条件を定めており、市長の諮問に応じて「水戸市優良観光土産品審査会」が審査を行います。審査会は、関係機関、団体の役職員及び学識経験者のうちから、市長が委嘱する13人の委員をもって組織されており、審査員の意見を聴いて、登録の可否を決定するものと定めています。

　認められた土産品には、水戸市優良観光土産品推奨マークを表示して販売することを義務付けています。平成29年3月現在では、22業者の58品の商品を水戸市優良観光土産品として登録しています。

Ⅰ　地域の個性と魅力の活用

【水戸市優良観光土産品】

分　類	土　産　品
菓子類	水戸の梅、梅ようかん、のし梅、吉原殿中、オセロチョコ、水戸さきがけ、常陸国印最中、烈公梅、納豆せんべい、梅の魁、水戸梅小町、みともち、水戸梅ばい、水戸ラスク
納豆	わらつと納豆、そぼろ納豆、ほし納豆、チョコ納豆、乾燥納豆、納豆カレー
漬物類	梅干
酒類	本格芋焼酎、梅酒
麺類	水戸藩らーめん
お茶	水戸茶
乳製品類	カマンベールチーズ、ストリングチーズ、カチョカヴァロチーズ、フロマージュフレ、など
工芸品	黄門人形、七面焼

（3）　統一ブランド

　水戸市には、土産品の統一ブランドとして「梅色未来（うめいろみらい）」があります。①歴史・伝統をふまえながら先取性に富む商品を目指す、②女性に支持されるイメージ、③水戸の代表的イメージである梅にこだわる、の３点をコンセプトとしており、上品さや美しさにもこだわったブランドとなっています。

　水戸商工会議所が事務局を行っており、梅の素材を用いたもの、梅色を連想させる色、梅のデザインを用いる、これらを生かした商品開発に取り組んでいます。

（4）　地酒で乾杯条例

　茨城県は関東地方で最も多い酒蔵を有しており（全国７位）、水戸市内にも２つの酒蔵があります。水戸市では、地産地消による地域活性化を目指し、水戸市産の梅酒、日本酒、焼酎等の酒類や水戸市産

の果実を原料とした飲料での乾杯を奨励し、地産地消による地域活性化を目的とした「乾杯条例」(「水戸市地元酒等による乾杯の推進に関する条例」)を平成26年に施行しており、市民の方に対して、地元のお酒等での乾杯を推奨しています。この取組を推進するため、酒蔵や市、商工会議所、飲食店組合、宿泊関係団体等により、「水戸の地酒で乾杯」推進協議会を発足し、

各酒蔵の銘が入ったオリジナルおちょこの制作・配布やイベントでのPR等を行っています。また、市においてはポスターやテーブルテントの作成、観光コンベンション協会においては「水戸の新酒まつり」を新たに開催したほか、水戸黄門まつりにおいて「310人で一斉乾杯イベント」を開催するなど、それぞれが連携した取組も行っています。

4　体験

　近年の観光において「体験型」は欠かせない要素となってきており、観光振興策として体験を主策としている自治体も増えてきました。これまで観光資源として気付かれてこなかった地域の固有の資源を新たに活用し、体験型・交流型の要素を取り入れたニューツーリズムは、その土地でしか体験できないことや現地の人とのふれあい、あまり知られていないその地方の面白さなど、観光客にとって思い出に残る感

Ⅰ　地域の個性と魅力の活用

動体験となります。その活かす地域資源によって、エコツーリズムや、グリーンツーリズム、ヘルスツーリズム、産業体験等と様々で、地域の特性を生かしやすいことから地域活性化につながるものと期待されています。

　体験といっても、絵付けのように1時間程度で行えるものから、コメ作りのように通年を通しての体験など様々で、地域の特性を照らし合わせて何を持っているのかを改めて検証してみるべきです。一般的に見られる事例として下記のようなものがあります。

【体験型観光の事例】

項　目	事　例
工芸・工房	陶芸、キャンドル、草木染、木工細工
自然・環境	カヤック、星空観賞、パラグライダー
歴史・文化	座禅、茶会、歴史街歩き、着物、土器作り
農林業	田植え・稲刈り、野菜収穫、果物狩り
漁業	地引網、釣り船、浜焼き
調理	そば打ち、ソーセージ作り、菓子作り
スポーツ	サイクリング、ハイキング、スノーシュー
産業技術	金属磨き体験、食品サンプル作り

　水戸市には、藩校「弘道館」の建学の精神の一つである「文武不岐」を掲げ、弘道館の武芸活動を継承している「東武館」があります。日本の伝統文化である剣道、なぎなた道・居合道の修練を重ねている北辰一刀流を伝承している道場であり、特に、全国の道場から少年剣士を集めて開催する「全国選抜少年剣道錬成大会」の主催者として全国に知れ渡っています。

　この水戸の武道については、古くから水戸の宝として知られてはいましたが、その気迫や技について取材やYouTube等により広く知れ渡ることとなり、多くの人々が東武館に訪れるようになりました。特に、外国人にとっては日本独自の文化であり、興味を引く方が多かったようです。

159

第4章 ┃ 観光事業を推進する

　観光課の職員としては、接する機会が少なかった東武館に、外国人モニター体験をさせていただきたい旨の相談に伺った際に、快く引き受けていただいたことは幸いでした。

　準備にあたり、プログラムからの調整が必要になります。約2時間と想定する中で、武道の説明や約15名全員が体験できる内容とすること、正座は大丈夫か、礼節をどこまで追求するか、道着や面などの借用など、武道に接してこなかった私たちには心配なことはたくさんありましたが、快い対応により順調に準備を進めることができました。当日は、さすがに武道の士です。その技に外国人モニターの方も魅了され、好評のアンケートをいただくことができました。

　将来的には、水戸の文化をもっと多くの方々に触れていただくため、このような体験事業の回数を増やしていきたいと考えており、そのためにも、開催にあたり要する経費等については参加者から徴収する必要性も感じております。しかしながら、東武館においては、文化の伝承と水戸のためということから、報酬類は受け取れないとの言葉をいただいております。観光産業ではないためのギャップは見られますが、今後も水戸の文化を知ってもらい、水戸のファンを増やすためにも、連携して体験の場を提供できるようにしていきたいと考えています。

　また、外国人モニターには、同日の午後に水戸黄門まつりの神輿渡御にも参加してもらっています。全員に神輿の衣装に着替えてもらい、職員有志とともに神輿を担いでもらっています。武道とともに、写真を撮ってSNSで発信している方が多く、参加したからこそ味わえる感動を提供できたと思っています。

　さらに、観光コンベンション協会においては、日本人でも体験できることが少なくなってきた〝和〟の文化を感じてもらうため、梅まつり時の偕楽園での和装着付け体験や、毎月開催している偕楽園好文亭

160

における茶道体験等の充実を図るなど、イベント等を通して、多くの感動を得てもらえる取組を行っています。

第4章 ┃ 観光事業を推進する

Ⅱ 観光誘客

1 情報の発信

　多くの自治体では、観光資源の魅力を広く発信するため、新聞やテレビ、ラジオ等のメディアだけではなく、SNS（ソーシャル・ネットワーキング・サービス）を活用し、インターネット上での情報発信などを行っていると思います。時代の変化が速く、社会のニーズが多様化する中、戦略的なPR活動が求められており、SNSのさらなる活用や工夫を凝らしたインパクトのあるアピールなど、新たな情報発信手段を検討するとともに、市民一人ひとりがセールスパーソンとして、魅力をPRする機運の醸成に努める必要があります。

（1）魅力の発信

　魅力を発信する手法としてはSNSなど様々ですが、多くの人に話題を提供できる取組は効果的と考えられます。これまで、梅まつり等においては、近隣の埼玉県や千葉県、群馬県等のテレビにおいてCMの放送を行ってきましたが、平成27年にテレビドラマ「水戸黄門」がスペシャルで復活することが決定したときに、その番組内にCMを放送する取組を行いました。TBSのような、いわゆるキー局でCM放送する自治体がほとんど見受けられない中、「水戸黄門に水戸市のCM（笑）」など、その反響はツイッター等で好感度の高い話題を呼びました。さらには、職員がストーリーから絵コンテ・出演・撮影までを手掛けて、イベントを物語風に描いてYouTubeにおいて募集PRを行った「水戸黄門さま漫遊ウォーク」など、動画を活用した新たな取組なども行っています。

162

Ⅱ　観光誘客

　また、市長の提案により「みとの魅力発信課」が設置され、観光情報のみならず、市全体のイメージアップが戦略的に行われています。みとの魅力発信課においては、広報誌の発行をはじめ、市民が誇りに思う「場所」や「もの」をテーマとして取り上げ、水戸の魅力を県内外の方に広くPRしていくシティセールスマガジン「ミトノート」や、水戸のヒト、コト、モノそれぞれの魅力を発信する水戸市公式のスマートフォン向けアプリケーション「水戸のこと」を制作するほか、水戸市メールマガジンによる情報発信やSNS及び水戸市公式YouTubeの充実を図るなど、効果的な魅力の発信を行っています。

（2）パンフレット

　観光客が観光情報を入手する手段としては、インターネットの活用が多くなってきていますが、ガイドブックや雑誌等の紙媒体も依然として活用度が高いようです。水戸市では、総合的な観光パンフレットのほか、飲食店マップ、宿泊マップなど各種パンフレット等を作成していますが、より観光客のニーズに応えることを目的として、旅行のプロの視点により選定された観光スポットや食、土産品を読みやすく作成した観光情報誌「るるぶ特別編集　水戸市」が好評を博しております。さらには、インバウンド用に内容を精査して英語や中国語版も作成

【観光情報の入手手段】

	手段	回答率
1	雑誌・ガイドブック	51.9%
2	インターネット	50.3%
3	テレビ・ラジオ	32.5%
4	旅行代理店	15.8%

（水戸市観光基本計画より）

し、海外への商談会やプロモーション等に活用しています。

（3）観光キャンペーン

観光キャンペーンは、他の地域に訪問してPRすることにより、直接的に地域の雰囲気を感じてもらえる効果があります。

水戸市においては、代表するまつりのひとつ「水戸の梅まつり」をPRするためにキャラバン隊を組んで多くの地域においてキャンペーンを行っています。特に、市長自らが先頭に行うトップセールスにおいては、主要駅においてのパンフレットや水戸の土産物の配布をはじめ、報道機関巡りや、テレビ出演等の様々なPRを行っています。

トップセールスの会場としては、鉄道による来訪者への呼びかけとして、常磐線沿線の駅によるPRをJR東日本との連携により行っており、平成27年の上野東京ライン開業により常磐線が品川駅まで乗入れた時には、品川駅を会場とするなど、機を見て変更しています。参加者としては、市長を先頭に、梅まつりで観光客におもてなしを行う10名の水戸の梅大使や市、観光コンベンション協会職員により編成し、大型バスで訪問します。この時の大型バスは、水戸の偕楽園、弘道館をラッピングした車両を使用し、移動に合わせてもPRを行っています。

トップセールスのほか、水戸よりも春が遠い東北地方や、圏央道の開通により移動時間が短くなった東京都西部や神奈川県など、季節や交通状況を見据えたキャンペーンも行っています。

また、県や広域観光団体が主催するキャンペーンに参加するなど、機会を捉えてPRを行っており、観光ボランティア「水戸黄門愛好会」

が水戸黄門の衣装のままで茨城空港から神戸空港を経由し、神戸キャンペーンに参加するなど、話題を呼ぶ手法も取り入れています。

2　商談会

　観光誘客を行うにあたって、団体旅行の送客を行うのは旅行エージェントであり、特に、まつりなど地域を代表するようなイベントにおける送客力は高いものがあります。

　そのため、ホテルやドライブインなどの観光に関連する企業は、旅行エージェントに対して半年以上前から接触を試みて、一人でも多くの観光客を獲得するための営業活動を行っています。行政においても、観光として持つ魅力を直接伝えるための営業を行うことも重要であると考えています。

　自治体ごとで個々の旅行エージェントに対する営業を行うことも可能かとは思いますが、県によっては、旅行エージェントを集めての商談会を開催しているところもあり、市町村や観光協会のほか、ホテル、飲食店、土産物店など観光客の来訪に直接影響する企業も参加しています。

　商談の方法としては、約10～15分間という決められた時間において、各々が旅行エージェントのテーブルに出向き誘致の交渉を行うものです。決められた時間が経過したら次の旅行エージェントとの交渉となり、この繰り返しを行うものです。

　私が初めて参加したときは、自分の市の観光のすばらしさを上手に説明するため、余念のない準備を行いました。とりわけ、あじさいまつりをPRする時期でしたので、あじさいの種類や花の美しさなどの写真やパンフレットとともに会場の持つ歴史性のレクチャーも準備しました。当日、商談会に臨んだわけですが、旅行エージェントもプロの方々です。少しくらいのすばらしさでは反応は薄く、むしろ、つま

第4章 ┃ 観光事業を推進する

らないと思われるような裏話のほうが喜ばれました。そもそも、商談ですので、営業として旅行エージェントの方々にとって何のメリットを得られるかというお土産話が重要だったのです。

　もちろん、他の地域では持っていない魅力をアピールすることが大切で、それに加えて、例えば、駐車場は無料になるのかとか、お客様にミニプレゼントを用意してもらえるのかなど、具体的な話ができれば興味を持ってもらうことができます。行政としては、少し不得手な話の内容ですが、団体旅行のお客様や旅行エージェントに一度でも足を運んでいただくことが重要ですので、観光コンベンション協会と連携を図り商談会に臨んでいます。

　近年においては、ドライブインと梅まつり実行委員会（事務局：観光コンベンション協会）とが連携した商談により、大手旅行エージェントのツアーにおいて参加者用特別イベントを設けるなど、1日で1,500人以上を誘客した企画も成功しています。

　また、インバウンド観光を推進するため、海外における商談会も開催されており、中国や台湾などの現地に赴き、海外の旅行エージェントとの交渉も行っています。まだまだ日本の中の一地方都市としての認識しかされていないようですが、花などの外国人に好まれる要素をアピールポイントとして、まずは知名度の向上を図り、広域的な周遊の観点も取り入れながら、選ばれる観光地を目指しています。

　商談会の交渉が成功したとしても、失敗したとしても、旅行エージェントと接触できた機会をもとに、次につなげることを大切にしています。

3　物産展

　特産品は、地域の風土や歴史に培われてきたオリジナリティあふれるもので、旅行に行けば土産品として買いたくなってしまうものです。

166

Ⅱ　観光誘客

インターネットの普及により、気軽に手に入れることができる世の中ではありますが、百貨店等で行われている物産展には、いつも多くのお客様が訪れて、おいしいものや珍しいものを吟味して楽しそうにしている様子が見られます。物産展の魅力は、地域ごとの魅力ある産物を入手できることに加え、方言を含め、その地域の人との直接的な会話をして、知らなかったうんちく話などを聞くことができ、時には値段交渉をしてみるなど、人と人との温かみを得られることなのではないでしょうか。また、自治体からすれば、他の地域において、見て、味わって、触れて感じてもらうことができる地域ブランド力の向上に資する貴重な機会になっています。

（1）物産品の変化

　私が約20年前に初めて物産展に参加したときは、水戸の主力商品としては、やはり「わらつと納豆」でした。わらに包まれた納豆は全国でも珍しく、味も小粒で柔らかいことから、スーパーで売っているものとは違うといわれ、多くの方々に納豆を目的として水戸のブースにお越しいただいていました。当時は、わらつと5本セットのもので、納豆だけの金額でいうと決して安いとは感じられませんが、味や珍しさなどの価値観から売れたのだと思います。しかし、現在では、景気の不透明さや、核家族化、納豆の流通拡大や味の向上など、様々な要因から5本セットは販売が低迷し、量が少なくて安い1本や3本セットの規格を中心に販売しています。時の流れとともに、商品も売れ筋も変化していくため、物産展での実績や消費者の声を持ち帰り、製造事業者との情報交換を行うことで、今後の商品のあり方等を見定めることが重要であると思います。

第4章 | 観光事業を推進する

（2） 物産展の開催

　水戸市の関連する物産展といえば、1975（昭和50）年から始まった親善都市の彦根市、高松市との「三市の観光と物産展」が大きな事業となっています。3市それぞれが親善の盟約を締結しており、都市間交流と物産の振興を目的として、毎年、開催地を3市交代制で開催している物産展となっています。

　この物産展は実行委員会形式で開催しており、会長には開催市の市長、副会長には他の2市長が就任し、委嘱状の交付を行っています。予算は、各市からの負担金等が主な収入となっており、事務局は開催市が担うこととなります。会場は、3市の状況によりそれぞれで、水戸市としては、中心市街地において日ごろから物産展を開催しているという知名度や経験値から、市内の百貨店での開催がほとんどです。平成21年度には水戸藩開藩400年の記念の年であったことから、水戸や水戸藩領にゆかりのある19の市町村をも加えた大規模な物産展を広場で開催したこともあります。

　出展にあたっては、各市から出展・出品の希望を募ります。会場の施設等の都合もありますが、やはり実演販売は目玉となるため、応募を促すこともあります。水戸市の場合は、水戸商工会議所内に水戸観光土産品協会が組織化されており、土産品協会を通して各企業への呼びかけ取りまとめが行われます。

　出品がリスト化されたら、その内容から各市のコマ割り、レイアウトの図面を描きます。このレイアウトについても、出品物や実演、茶屋などのバランスを鑑み、お客様の視点も念頭に入れて検討します。また、あわせて冷蔵ケースやフライヤー等の数のチェック、ストックヤードや観光PRコーナーの会場確保を行います。

　開催の1か月前までにはPRを行いたいので、その前に各市から目玉商品やその画像を提供いただき、チラシや広報誌等への掲載を行い

ます。誘客の手法としては、各日先着プレゼントの設定や物産展用の商品券の作成・販売、ゆるキャラの出演（彦根市「ひこにゃん」、高松市「ときたま」など）、そして、PR用ティシュを作成し、駅改札前や百貨店前での配布を行ったりしたこともあります。

　開催の前日には、物産品の搬入となります。百貨店では台車や搬入車両の駐車スペース、エレベーター等が完備されているため円滑に進められますが、屋外の広場等ではあえて準備を行わなければならない備品類が発生したり、雨天時の搬入出や来客対策など注意が必要です。また、運営にあたっては、出展者が準備すべきかもしれませんが、釣銭や買物袋、領収書なども準備品としてあげておくべきと思います。

　オープニングが終わり、物産展の開催となりました。私たち職員もハッピを着て、それぞれの商品の良さをアピールして商品販売を行います。販売にはいろいろスタイルがあると思いますが、気持ち的な面からすれば〝フレンドリーさ〟と〝元気さ〟が大切ではないかと思います。買う立場からすれば、陰にこもっていたり、もぞもぞしていたりでは、売りたい気持ちも伝わらず、商品の鮮度も落ちて見えます。

　かつて、菓子会社の実演する人と一緒に参加したことがありました。その場で菓子を作って販売する実演という強みもありますが、その人の明朗な会話と買わなくても大丈夫というスタイルにお客様の輪ができたほどで、職員２名が売った同じ商品（他社）の４倍もの金額を売り上げたのです。声掛けのタイミングやノリとツッコミのバランスなど、人を惹きつける魅力を勉強させていただきました。

　物産展が終了すれば清算業務です。百貨店では一括収入管理となるため、必要経費等を差し引いた金額を送金します。物産展によっては、売上金のすべてを出展者管理として、後日に出展料や売上手数料を請求する場合もあろうかと思いますが、物産展の成果や売れる商品の動向などを確認するためにも、売上金額の把握は行うべきです。

第4章 ┃ 観光事業を推進する

（3） 物産展開催例

　「三市の観光と物産展」を紹介させていただきましたが、平成27年度の水戸市開催では、姉妹都市の敦賀市及び北関東連携都市の宇都宮市、前橋市、高崎市も加えた開催としています。

　彦根市開催においても、琵琶湖の近隣市町村や友好都市の佐野市などを加えたり、高松市開催においても高松の名称つながりの都市や文化・観光交流都市の金沢市を加えるなど、物産展の参加自治体を増やすことで、お客様にとっては多くの地域の物産を楽しむことができ、さらに、自治体にとっては他市間の交流や情報交換ができる場ともなっています。

　「三市の観光と物産展」の他に下記のような物産展などにも出展しています。

○観光物産inみなと敦賀2017

　　会場：福井県敦賀市　きらめきみなと館

　　日程：平成29年10月14日（土）〜15日（日）

　　参加自治体：小浜市、新潟市、酒田市など

○キタカンまるしぇ

　　会場：東京都渋谷区　恵比寿ガーデンプレイス

　　日程：平成29年9月8日（金）〜9日（土）

　　参加自治体：宇都宮市、前橋市、高崎市

4　コンベンション誘致

（1）コンベンションとは

　コンベンションとは、一般的には会議や大会と訳されており、学術的会議や展示会等を広義的に含める説や、国土交通省観光庁が2010年を「Japan MICE Year」と定めたことからメジャーな言葉となったMICE（マイス）と区分するものがあります。観光庁によると、

170

II 観光誘客

　MICEとは、「多くの集客交流が見込まれるビジネスイベントなどの総称」とされています。企業活動やスポーツなど、一般的な観光とは性格を異にする部分も多いのですが、その開催は、人やもの、情報が集まり、多くの交流人口を創出することによる産業の育成、経済の活性化、さらには地域の魅力を発信できることから、観光との連携により多大な効果も期待できるため、コンベンション誘致機能を持つ組織の多くは、観光協会と合わせた組織としていることが多いようです。

【MICEとは】

・M：Meeting（ミーティング）／会議、セミナーなど
・I：Incentive（インセンティブ）／招待・優待・視察旅行など
・C：Convention（コンベンション）／学術会議・国際会議など
・E：Exhibition（エキシビション）、Event（イベント）／見本市、展示会、イベントなど

（2）コンベンションビューロー

　全国では、コンベンションを誘致するとともに、開催に対する支援を行うコンベンションビューローが組織化されています。

　水戸市においては、平成21年度に、水戸商工会議所を中心として、水戸市と水戸観光協会（当時）等との連携により、同会議所内に任意団体として水戸コンベンションビューローが設立されました。平成25年度に、その機能を水戸観光協会内に移管して、協会内には約120の企業等によりコンベンション部会が設けられ、平成29年度には事務局体制のさらなる強化を図り、水戸観光コンベンション協会となりました。

　コンベンションの誘致には、専門性を持った知識や経験、人脈、そして対応できる体制が必要であり、旅行会社勤務経験者を誘致担当主任に据え、専任化職員を増加させるとともに、一般社団法人日本コン

171

第4章 ┃ 観光事業を推進する

グレス・コンベンションビューロー（JCCB）主催の研修会等へ積極的に参加し、職員のスキルアップを行っています。また、職員間のノウハウの共有とその確実な継承のための業務マニュアル策定や積極的な営業力を向上させるため訪問件数のノルマ制を導入するなど、コンベンション係の組織力強化を行っています。

（3）コンベンション誘致

　いわゆる営業活動を行うにあたって、相手の欲しているニーズにどれだけ近づけられるのかが選ばれるポイントになると思います。強みは強みとして生かし、弱みは別な手段で克服できるかなど、自分の自治体のセールスポイントをデータとして集約させることは有効です。その意味でも、観光振興とコンベンション誘致が同一組織であれば、相互のデータを流用・活用できるため、効果は大きいと思います。また、コンベンションを開催している団体や組織などを知ることも重要であり、これらをいかに数多くデータベース化することができるかが営業活動への大きな力となります。

　また、営業活動に通ずるものとして、日ごろからのコンベンションや観光に対するイメージアピールも重要であると考えています。例えば、施設や交通事情が同じような条件であった場合、どちらを選ぶかというと、イメージが上位の方になると思います。〝あそこなら〟と思われるだけでも既に1ポイントが入っているのです。これも観光の取組により大きく左右されると思います。

（4）コンベンション支援

　主催者がコンベンションを企画しやすい環境を整えるため、各種支援を準備する自治体が多く、それは、自治体の考え方や規模によって様々です。

172

Ⅱ　観光誘客

　水戸観光コンベンション協会では、ノベルティや観光パンフレット
の提供のような物的支援のほか、会場やアトラクション、土産品店の
紹介、行政機関や関連機関等との間に入って調整・運営などを行うサ
ポート的支援、そして、開催規模に応じた開催助成金を支給する金銭
的支援等を行っています。また、水戸ならではのものを感じていただ
くためにも、観光大使「水戸の梅大使」や水戸市マスコットキャラク
ター「みとちゃん」の派遣など、主催者や参加者に水戸を感じていた
だくメニューも用意しています。（支援メニューには、それぞれ条件等
があります。）

（5）今後のコンベンション
　コンベンション誘致の都市間競争は年々激しくなっており、これま
で多くの都市で行っているサービスだけでは競争に勝つことは厳しく
なっているのが現状です。選ばれる都市となるためには、行政だけで
はなく、交通や宿泊などの機能が一体となった取組であったり、広域
的な連携により都市間の得手・不得手を相互で解消する取組などであ
ると考えられます。また、コンベンションの開催に合わせ、文化施設
や公的空間等を利用してレセプション等を開催する「ユニークベ
ニュー」など、個性を生かすことができる取組にも注目が集まってお
り、コンベンション支援に対して、地域の持つ観光資源のつながりを
持たせ、おもてなしを意識した、まさに観光コンベンションとしてい
くことが重要ではないかと思います。

5　広域連携
　各自治体には個性ある地域資源や特長が存在しますが、隣接自治体
とは持っているものが異なっている場合が多く、それは観光として強
みであったり、弱みであったりします。広域的な観光連携は、個々の

第4章 ┃ 観光事業を推進する

自治体の魅力が集積してポテンシャルが拡大するとともに、宿泊や体験、食など観光客の選択肢が増えてエリアの機能強化を図れるなど、観光客の広域観光ニーズへの対応、エリアにおける観光客の長期滞在、回遊性の向上促進、域内経済効果の拡大等を進めることができるため、広域観光連携は重要な取組となっています。そのことから、全国では、交通網や経済圏などのつながりをもとに広域的な観光連携を行う団体が設立されています。

　また、国においては、観光立国の実現に向けた取組を進めているなか、さらに国際競争力の高い魅力ある観光地を形成するため、観光地単独の取組にとどまらず、広域にまたがる観光地同士が連携・協力を図り、滞在型観光を促進する「観光圏」の形成を推進しており、観光圏が策定した「観光圏整備実施計画」が認定されることによって、旅行業法や運送事業関係の手続緩和の特例などの支援を受けることができます。平成29年度時点で13の地域が認定されています。さらに、訪日外国人旅行者の地方誘客に資するテーマ・ストーリーを持ったルートの形成を促進しており、各地域が策定した「広域観光周遊ルート形成計画」が認定されることによって、観光資源を活かした滞在コンテンツの充実、プロモーション等、外国人旅行者の周遊促進の取組への支援を受けることができます。平成29年度時点で11のルートが認定されています。

（1）　広域観光団体

　広域連携は、目的により様々な形態があり、そのエリアも千差万別です。次頁のように、水戸市が広域連携を行っている団体を例示するだけでも数多くあり、〝観光〟というキーワードは同じとしても、観光誘客や観光地保存、イベントの連携開催など、その目的が異なるため、事務局や事業内容、予算規模など様々です。

Ⅱ　観光誘客

【水戸市が関わる広域観光推進に関する団体例】

団体名	目的	構成組織等（○事務局）
漫遊いばらき観光キャンペーン推進協議会	茨城県の優れた観光資源を広く全国に紹介、宣伝し、観光客の誘致拡大を図るとともに、受入体制の整備を推進することにより、観光の一層の振興を図る。	○茨城県／県内自治体、観光協会、観光関係団体・企業等
いばらき県央地域観光協議会	県央地域首長懇話会の構成団体が連携して広域観光の推進を図る。	○水戸市／水戸市周辺の9市町村と各観光協会
水戸・笠間・大洗観光協議会	水戸・笠間・大洗の観光事業の相互協力体制強化と連絡調整を図る。	○水戸観光コンベンション協会／水戸市、笠間市、大洗町と各観光協会
大洗県立自然公園保護管理協議会	大洗県立自然公園の保護管理に協力すること。	○大洗町／茨城県、大洗町周辺の5市町
磯節全国大会実行委員会	日本三大民謡の一つ磯節の普及と保存伝承を図るとともに、磯節発祥の地を全国に紹介、併せて誘客を図る。	○水戸観光コンベンション協会／水戸市、ひたちなか市、大洗町と各観光協会
水戸黄門さま漫遊ウォーク実行委員会	水戸黄門さま漫遊ウォークを開催し、関連市の友好を深め、観光の連携強化を図る。	○水戸市／常陸太田市、那珂市

（2）　連携施策

　広域観光の振興を図るためには、〝あの辺り〟に行ってみたいと思ってもらえるような取組が重要であり、そのために、地域資源を上手に連携させた観光ルート設定など受入体制の充実、観光誘客、エリアの魅力や知名度向上が必要であります。

　いばらき県央地域観光協議会においては、広域観光の推進を図るため、ホームページ開設や観光ルート設定、キャンペーン等、様々な事業を展開しています。平成29年度は、3つの柱をもとに各施策を行っており、特に、周遊ツアーの造成については、各自治体が持つ地域資源の磨き上げや発掘を行い、旅行商品としての開発、販売、ツアー催行という、観光客を具体的に誘客する事業を進めています。

175

第4章 ┃ 観光事業を推進する

【平成29年度いばらき県央地域観光協議会事業】

1　観光マーケティング調査

（1）9市町村を対象にしたマーケティング調査の実施

2　県央地域魅力発信事業

（1）いばらき県央地域「夏」キャンペーン

　　　　期日：平成29年7月20日、会場:茨城マルシェ（東京都）

（2）土産品イベント「発掘！いばらき県央おいしい手土産品評会」

　　　　期日：平成29年12月11日、会場:常陽藝文センター（水戸市）

（3）広告出稿

（4）広域観光ガイドブックの充実

　　　既存パンフレットの多言語化

（5）ホームページの充実

　　　モバイル端末への対応等

3　周遊型観光の推進事業

（1）周遊イベント「水戸八景グルメライド」開催

　　　　期日：平成30年3月24日、会場:水戸八景

（2）周遊ツアーの造成

　　　ワークショップ開催、モニターツアー旅行商品の参加者

募集

Ⅲ　観光客の受入れ

Ⅲ　観光客の受入れ

1　おもてなし

（1）　おもてなしとは

　「おもてなし」とは「客をもてなす」といったときに使われる動詞「もてなす」の丁寧語からきているそうですが、客に対してどのようにすることがもてなしなのでしょうか。おそらく、それはサービスではなく、お客様に対して想定外のものを与えることかと思っています。

　例えば、飲食店に行ったときにお店の人が水を持ってくる。そこで、「いらっしゃいませ。今日はありがとうございます。どこからお越しになられましたか。」などとやさしい言葉をかけることは、お客様もホッとされ、そこから会話も広がるかもしれません。そこで、隠れたスポットなどの紹介もできれば、お客様は想定外の満足を得られることになります。このような、相手のことを思う心から生まれる言葉や所作、知識などがおもてなしだと思います。

　観光地の印象は、そこで触れ合った地元の人のおもてなしによっても左右されます。そのため、観光振興においてホスピタリティの向上は欠かせない要素であると思います。おもてなしの向上には、作法や気遣いに加え、地域の歴史や産物、観光施設などの情報について豊富な知識も重要であり、分かっているようで気付いていない〝おもてなし〟について、市民をはじめ、多くの観光客が利用するタクシーや飲食店、商業施設などの観光関連事業者や団体等に、おもてなし力の向上を施策として取り組んでいます。

（2） おもてなし力の向上

① おもてなしマイスター制度

水戸商工会議所では、平成27年度から水戸市と水戸観光コンベンション協会と連携し、ホスピタリティ向上事業を展開しており、その事業の体系として３つの柱を掲げています。

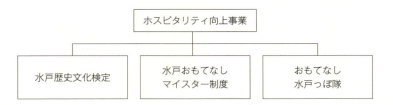

その中でも、市民から観光に関する事業者まで、水戸に関する歴史や文化などの知識を深め、おもてなしに関するスキルを身に付け、率先しておもてなしを実践してもらう取組として「水戸おもてなしマイスター制度」を設置しました。

マイスターは、知識やスキルの習得状況によって「水戸おもてなしマイスター」「水戸おもてなしマイスターシルバー」「水戸おもてなしマイスターゴールド」の３つのランクに分かれています。概要としては下記のようになります。

	マイスター	マイスターシルバー	マイスターゴールド
「水戸歴史文化検定」合格 （主催：水戸商工会議所）	○	○	○
「おもてなしセミナー」受講 （主催：水戸商工会議所）	○	○	○
「観光マイスター認定試験」合格（主催：茨城県）		○	○
「観光マイスター認定試験」合格者のうち接遇試験合格者〔県観光マイスターＳ級〕 （主催：茨城県）			○

おもてなしマイスターには、所属する企業や団体等において、おもてなしのリーダー的存在で活躍をいただいておりますが、マイスター

Ⅲ　観光客の受入れ

同士の連携を密にすることや、おもてなしの伝道など、新たな展開を図ることが必要となっています。

② 優良観光タクシー乗務員認定制度

　観光客が移動するにあたっては、バスや鉄道など様々ですが、タクシーは、運転手と観光客が同じ時間を一緒に過ごす空間となっています。この時に、観光客に、いかに満足してもらえるかで、これから始まる旅の印象は変わります。水戸市では、乗客へのマナーやおもてなしの精神、観光案内に優れた乗務員を、「優良観光タクシー乗務員」として認定し、新たな水戸の魅力として発信することとともに、ホスピタリティーの一層の強化を図っています。

　平成24年度に開始したこの制度は、まず、茨城県ハイヤー・タクシー協会及び水戸地方ハイヤー連盟と協議の場を設け、趣旨や目指す目標、それぞれの立場を理解しあいながら方向性を決定しました。これまで、ハイヤー・タクシー業界全体との連携を行っていましたが、個々の運転手に対する取組は行われていませんでした。課題として、研修時間の手当や優良タクシーとなるメリットなど、現実的なものもありました。

179

第4章　観光事業を推進する

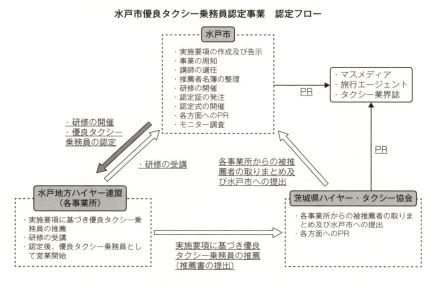

水戸市優良タクシー乗務員認定事業　認定フロー

認定までのフローとしては、各タクシー事業所からの推薦を受けた乗務員には、おもてなしやマナーの研修の他、観光スポット現地研修、観光ルート案内講習等を３日間受講してもらうことで認定となります。タクシー乗務員にとって、研修に３日間という時間を取られるというのは、収入減にもつながり、受講者は真剣です。

【認定までのスケジュール】

11月	**研修の開催** 11月 9日　観光ルート指定施設の案内講習（保和苑、納豆なんでも展示館、別春館） 11月15日　接遇・おもてなし研修 11月22日　観光ルート指定施設の案内講習（弘道館、偕楽園、徳川ミュージアム）
12月	**認定式の開催** 12月21日 ・水戸市長による認定証、修了証の授与 　※認定は研修を全て受講された方のみとします。 　※認定証は車内掲示用、車外掲示用それぞれお渡しします。 **優良タクシー乗務員をPR** 水戸市、茨城県ハイヤー・タクシー協会により、広報みとやホームページ、facebook、タクシー業界誌等の媒体に情報を掲載します。また、マスメディアや旅行エージェントにもPRし、優良タクシー乗務員としてのメリットを創出します。
認定後	**優良タクシー乗務員として営業を開始** 認定証を掲示していただき、営業にあたっていただきます。 観光ルートを活用しながら、観光客をご案内し水戸をPRしていただきます。

180

優良タクシー乗務員には、おもてなしの顔として、認定証書の他、車内掲示用認定証と社外掲示用マグネットシートが配布され、タクシーに掲示してもらいます。また、優良タクシー乗務員には、下記のような待遇を設定しています。

　　　○「優良タクシー乗務員が案内するお得な観光コース」設定
　　　○梅まつり時における、常磐神社下タクシープールの専用使用
　　　○ホテルへの優良タクシーリストの配布
　　　○水戸市ホームページへの掲載、など

平成29年12月現在では、制度が開始されて5年が経過したことから、初年度に認定されたタクシー乗務員に対して、フォローアップ研修を行っており、さらなるおもてなしの磨き上げも図っています。

【平成29年度現在の認定者数】

事業全体の認定者数　37名（13事業所）
　〔平成29年度認定者数　5名（5事業所）〕

③　観光ボランティア

観光客の方々が旅に大きな感動を受けるひとつとして、地域の人々のふれあいだといわれています。市民の方々が、それぞれの持ち味を出した様々なボランティア団体が設立されています。

（ア）歴史アドバイザー水戸

平成9～10年度に開催された『大河ドラマ「徳川慶喜」展示館』で活躍した、水戸の歴史を案内するボランティアの有志が団体を設立しました。梅まつりを中心に、各まつり等で歴史を中心に、水戸を紹介しています。

第4章 ｜ 観光事業を推進する

【歴史アドバイザー水戸の概要】

設　立：平成12年8月

会員数：約70名

活動実績：5,059件　29,184人（平成28年度）

（イ）水戸黄門漫遊一座

　歴史アドバイザー水戸と同様に、水戸のおもてなしを代表する団体であります。本格的な衣装の水戸黄門さま一行と一緒に記念写真を撮れるのは水戸ならではで、梅まつり時には長蛇の列ができます。また、県外キャンペーン等で全国にも行脚しています。

【水戸黄門漫遊一座の概要】

設立：平成10年1月

会員数：約80名

活動実績：梅まつり、水戸黄門まつり、キャンペーン等

（ウ）水戸黄門倶楽部

　自由な時間に気兼ねなくボランティアに協力いただく取組として、平成19年度に観光課を事務局として設置しました。登録制で、協力事項をメールやFAXで情報提供して参加募集を行っています。外国人へ観光案内する「外国語案内部門」とイベント補助の「イベント部門」があります。

（エ）その他

　様々な場面で活躍されているボランティアがありますが、特に、水戸の梅まつりにおいては、上記のボランティアも含め、各世代、各層の方々にもおもてなしを行っていただいています。

　　・「偕楽園記碑」の素読披露（市内小学校）

Ⅲ　観光客の受入れ

　・中学生ボランティア「チーム魁」によるパンフレット配布や記
　　念撮影補助など（市内中学校）
　・高校生野点茶会、高校生外国語観光案内（市内高校）

④　おもてなしガイドブック
　おもてなしとは文字に書くものではないと思っていますが、気づき
を促すことからも、ガイドブックを作成しています。市内各界各層の
様々な方々で構成した「観光産業振興会議」の「ホスピタリティ部
会」において提案がされ、部会員の持つスキルや経験、情報などを集
約して、「MITOおもてなしガイドブック」として約90ページにまと
めたものです。

第4章 ┃ 観光事業を推進する

【MITOおもてなしガイドブック目次】

○おもてなし基本編（笑顔、言葉遣い、身だしなみ等）

○おもてなし上級編（相手の気持ち、正しい知識等）

○おもてなし実践編（ワンポイントチェック、英会話集等）

○水戸市の紹介

・現在の水戸市

・水戸市の歴史

○イベント・特産品・観光地紹介

・まつり

・水戸納豆

・あんこう料理

・土産品

・観光地案内

・市内マップ等

○テレホンガイド

・観光相談

・ホテル

⑤ 水戸歴史文化検定

　水戸歴史文化検定は、水戸の歴史・文化・観光などを学ぶことで、より知識を深め、地域の貴重な資源、水戸の魅力を再認識していただき、郷土愛を育むことを目的に実施しています。

　おもてなしマイスター制度とともに、観光客等へのおもてなし向上事業の一環として、水戸商工会議所が平成27年12月に第1回を開催しました。

　出題内容は、水戸商工会議所発行「郷土いいとこ再発見」から概ね8割を出題することとし、水戸の歴史や史跡、自然、特産品など合計

184

50問の正誤２択式、70点以上を合格者としています。受験資格は、学歴・年齢・性別・国籍に制限を設けず、受験料も無料として、幅広い方々の受験を受け付けています。

【第１回検定の概要】

> 日程：平成27年12月12日（土）
>
> 受験者数：112名（応募者数130名）
>
> 合格者数：80名（合格率71.4%）
>
> 備考：受験者の最年少８歳、最年長88歳

２　観光案内所

　観光客が来訪し、これから始まる観光のファーストステップとして、観光案内所は、情報の発信及びおもてなしの拠点として重要な役割を担っています。

　インターネットの進展により、多くの情報を手元で入手することが可能になった時代ではありますが、示された文字や画像だけでは知りえない情報を得るために、やはり観光案内所の存在は重要であると思います。

（１）　水戸観光案内所

　水戸観光案内所は、鉄道や高速バス、路線バス、レンタサイクル等、交通の起点として、また、結節点として位置するJR水戸駅の改札口の直近に開設しています。

第4章 ┃ 観光事業を推進する

【水戸観光案内所の概要】

所在地：JR水戸駅構内（水戸市宮町1－96－1）

面　　積：約20m²

開所時間：午前9時～午後7時

休所日：12月30日～1月3日

運営者：一般社団法人水戸コンベンション観光協会

職　　員：3名（常駐は2名以上、身分は嘱託職員）

【平成28年度水戸観光案内所の利用状況】

問合内容	観光地			郷土料理	土産品	交通		宿泊	その他	合計
	市内	県内	県外			バス・タクシー	鉄道			
件数	24,694	2,916	72	911	1,494	792	207	341	5,070	36,497
％	67.6	8.0	0.2	2.5	4.1	2.2	0.6	0.9	13.9	100.0

（2）　水戸観光案内所の機能

　観光案内所の主な機能としては、その名のとおり観光客に対する案内を行うもので、その数（件数）や質、内容は、観光客のニーズが多様化することと比例するように、増加、複雑化をしてきています。その対応のために、決して広くはない空間を有効活用しながら、お客様への対応を行っています。

　まずは、水戸の観光の窓口として、水戸市の観光パンフレットや飲食店マップ、イベントチラシ類など、紙媒体の配置や掲示によって観光客に直接の対話により案内を行っています。平成28年度からは、観光案内所入口に、問合せの多い質問事項について掲示を始めたところ、その分の訪問数が減少しました。平成29年度に設置したデジタルサイネージに、このような情報を提供することを進めていくことにより、観光客の利便性向上を図っていきたいと考えています。

　次に、広域的な観光起点として、周辺市町村の観光パンフレットや、

広域的な交通案内、周辺市町村のイベント等の紹介を行っています。割合としては、約1割程度ではありますが、観光客にとって水戸であるとか隣の市町村であるとかは関係なく、また、私たちも広域観光を推進するうえで〝水戸あたり（周辺）〟に興味を示していただくことが重要ですので、広域的な案内にも重点を置いています。

　もう一つとしては、外国人観光客ヘルプの場として、英語を話せるスタッフの常駐や、翻訳タブレットの設置、無料無線LAN（Wi-Fi）の設置などを行っています。水戸市においては、平成27年に日本政府観光局（JNTO）から「外国人観光案内所カテゴリー2」の認定を受けることができました。認定を受けたことにより、JNTOによる通訳サービスなどの支援サービスが受けられることとなります。

【外国人観光案内所の認定区分について】

カテゴリー3	常時英語による対応が可能。その上で、英語を除く2以上の言語での案内が常時可能な体制がある。全国レベルの観光案内を提供。原則年中無休。Wi-Fiあり。ゲートウェイや外国人来訪者の多い立地。
カテゴリー2	少なくとも英語で対応可能なスタッフが常駐。広域の案内を提供。
カテゴリー1	常駐でなくとも何らかの方法で英語対応可能。地域の案内を提供。
パートナー施設	観光案内を専業としない施設であっても、外国人旅行者を積極的に受け入れる意欲があり、公平・中立な立場で地域の案内を提供。

（3）観光案内所の活用

　観光案内所は、観光客と対面して情報を提供する、いわば最前線です。そのため、最新の情報を必ず届けなければなりません。水戸市内の観光情報であれば集約もできますが、市内のミニイベントや講演等の情報まで把握することはなかなか困難です。そのため広報のセクションとの連携を密にしています。

　また、観光案内所からは生の観光客の声を聴くことができます。特に、外国人観光客のFITからは、日本人の視点とは違ったことに対して感動してみたり、こだわったことだけを楽しみに旅をするなど、インバウンド観光の参考になる意見をもらうことができます。以前、外

第4章 ┃ 観光事業を推進する

国人観光客に対するアンケートを実施してみましたが、日本人でも好き嫌いのある〝納豆〟について質問の一つに入れてみたところ、意外なことに嫌いな人ばかりではなく、納豆を食することを目的として来た外国人もいました。観光案内所は情報の収入源でもあります。

3 観光案内板

（1） 観光案内板とは

　また来たいと思っていただくために、観光客に分かりやすい観光案内板の整備を進め、行きやすい観光地のイメージや受入体制の充実に努める必要があります。ナビゲーションシステムが普及している現在ではありますが、まだスマートフォンやカーナビ等の利用に至っていない人に対してや、走行・歩行している状態においての安定した案内手法として、観光案内板整備は重要な施策のひとつであります。観光案内板には、目的を別としていくつかの種類があります。

【水戸黄門漫遊一座の概要】

・指示型：特定の地点に誘導するための情報を提供する手法 　　　　　（車両系誘導案内板、歩行系誘導案内板等） ・同定型：当該地点の地名や観光施設の名称・内容等の情報を提 　　　　　供する手法（施設案内板、歴史案内板等） ・図解型：現在位置や周辺施設等の情報を提供する手法 　　　　　（周辺案内図、駅周辺図等）

　また、観光案内板は、設置場所や設置主体の異なる多種類のものが存在します。

Ⅲ　観光客の受入れ

設置場所	対象者		例	利用者	設置者
施設外	自動車用		道路標識		・道路管理者
		観光客用	観光施設誘導案内板	観光客	・公的主体
	歩行者用		道路標識	観光客含	・道路管理者
		観光客用	観光施設誘導案内板	観光客	・公的主体
施設内	施設利用者用		交通機関構内案内 施設内の標識	観光客含	・施設管理者

　道路上における観光客に対する情報提供を目的とした案内板については、道路管理者と協議を要します。

（2）　観光施設誘導案内板の設置手続

　観光施設への誘導案内板を設置する場合の手続きについてですが、自動車用を想定した場合、インターチェンジ等の起点となるべき地点から目的地である観光施設に至るまで、いくつかのルートを設定したうえで、特に、右左折等の地点で設置の検討を行います。

　設置候補地点が決まれば、まずは現地に赴き、その環境のチェックが必要です。信号機が見えなくならないか、民家や施設の出入口となってはいないか、電線が邪魔にならないか、冬は分かりやすいが初夏には木に隠れることはないかなど、設置された姿を想像するとともに、周囲の状況の測量や写真撮影等により確認を行います。

　設置予定箇所を特定したら道路管理者との調整です。道路管理者は、一般的に、いわゆる2桁国道は国の直轄管理、3桁国道及び県道は県管理、市道は市管理となっており、案内板整備の全体計画や現状をもとに、道路占用についての協議を行います。この時には、細かな位置や構造などの図面で示せるようにしておくべきです。また、協議の中では、水道管や電線、電話線などの地下埋設物がないかの確認も必要です。もし、付近に存在していそうであれば、それぞれの管理者との協議を行わなければなりません。協議が整い道路占用申請書の提出となります。

第4章 ┃ 観光事業を推進する

　道路占用許可には、おおよそ1週間から10日位の日数がかかります。案内板の土地使用が認められたので工事の施行です。工事を行うということは、道路を目的外に使用することであり、通常の交通に支障を及ぼすため、交通管理者である地元の警察署との協議が必要となります。工事概要や施工中の安全対策などが中心となりますが、季節や施工箇所によって、曜日や時間が指示されることもあります。協議が整ったら、道路使用許可申請書の提出となります。

（3）　案内板の設置への注意点

　案内板のデザインや設置位置、内容などについて計画性を持って整備することで、分かりやすい案内ができます。やはり、統一的なデザインで示すことができれば、観光客は、そのシリーズを気にしながら次の案内板を探してもらえ、安心感を与えることができます。

　水戸市では、統一性を持たせた景観街づくりを目指すため「水戸市サインマニュアル」を策定しており、車両系標識や歩行系標識、施設案内板など、その形状や色彩、文字のポイント等が定められています。設置候補地点の調査時点から都市計画課都市景観室との調整が必要となります。

　また、時代の流れとともに案内板自体のスキルアップが図られてきましたが、まだまだ古いものも存在しており、メンテナンスには苦慮している自治体も多いのではないでしょうか。更新や修繕する場合への考慮する点を参考に掲げてみました。

〇案内板の内容（図解型）
  ・現在地表示が小さい
  ・地図の上下が向いている方角と異なる
  ・情報を掲載しすぎて繁雑

190

Ⅲ　観光客の受入れ

・表示面の素材が見づらい

・距離感が分かりづらい地図

・多言語化されていない

〇設置位置

・樹木や施設の陰で視認性が悪い

・道路分岐点に設置されてない

・同様な内容の案内が隣接している

〇再考すべき点

・車いす利用者からの視点

・長い直進の途中案内による不安解消

・休憩所やトイレなど、地理に不案内な人に必要な情報掲載

4　交通

　観光客の来訪手段として、多くは鉄道やバス、自家用車であり、二次交通も含め、移動手段の充実は観光客の利便性や観光地としてのイメージアップにもつながります。

（1）　交通事業者（バス）

　駅に降り立った後、目的地までの次の移動手段としては、バスやタクシーが多いと思いますが、その多くは民間事業者の運営によります。タクシー事業者との連携はおもてなしの項で説明しましたので、バス事業者との連携について紹介させていただきます。

　水戸市の観光の傾向としては、近年では四季を通してバランスよく来訪いただけるようになってはきましたが、まだまだ、梅まつりの開催される2月から3月が多い季節型観光地であるためか、通年による

第4章 ┃ 観光事業を推進する

地元バス会社の市内観光バスツアーが設定されにくい状況にあります。しかしながら、観光客が訪れる期間の限定ツアーが設定されており、観光客のおもてなしを図るため、観光ボランティアの手配などツアーの質の向上に向けた連携を行っています。

　また、地元のバス事業者３社が共同して、会社市民のみならず観光客への利便性向上を視野に、路線バスの共通利用ができる「水戸漫遊１日フリーきっぷ」を販売しており、路線バスを上手に活用しながら偕楽園や弘道館などの観光スポットに行くことができ、さらには、フリーきっぷの提示により観光施設の入館料が割引となる特典も付くなど、観光客の満足感の向上も図っています。

　平成29年春には、梅まつり実行委員会と徳川ミュージアムやJR東日本水戸支社とが連携したアニメ「刀剣乱舞」コラボ企画においては、フリーきっぷにアニメデザインを採用するなど、連携・協力した事業も行っています。

Ⅲ　観光客の受入れ

【水戸漫遊1日フリーきっぷ概要】

○金額　おとな　400円／こども　200円

対象区間が1日乗り放題・さらに入館料金割引の特典つき！

通常のバス運賃は水戸駅～偕楽園間で往復480円区間ですが、フリーきっぷは400円で対象区間が1日乗り放題になる大変お得な乗車券です。

○利用できる区間

〈茨城交通〉

　水戸駅～偕楽園・常磐神社前、歴史館、水戸芸術館前など

〈関東鉄道〉

　水戸駅～偕楽園

〈関鉄グリーンバス〉

　水戸駅～偕楽園入口

○割引特典対象施設

偕楽園好文亭、弘道館、茨城県立歴史館、水戸芸術館・現代美術ギャラリー、水戸市立博物館・特別展

(2)　漫遊バス

　まつり開催時期に、季節に合わせた観光スポットを巡りやすくする取組として「観光漫遊バス」を運行しています。旅の楽しさを演出するために、昭和40年初期に実際に走っていたボンネットバス

を活用しており、世代によっての懐かしさや、新しい感触などを得られることから好評を博しています。時代を駆け抜けたバスの保存やバス文化の向上等を目指す「NPOバス保存会（土浦市）」の協力により、

第4章 ┃ 観光事業を推進する

年間6度の運行を行っています。

【平成28年度水戸観光漫遊バス運行実績】

運行日程	題名	主な観光スポット	乗車人数
4/2	桜の名所	桜山、六地蔵寺、桜川、千波湖　等	319人
5/3	つつじの名所	偕楽園、森林公園、植物公園	335人
6/18	あじさいの名所	保和苑、七ッ洞公園、植物公園　等	254人
11/5	菊の名所	県三の丸庁舎、水戸八幡宮、護国神社　等	47人
11/23	紅葉と銀杏	県立歴史館、紅葉谷、偕楽園　等	112人
3/4～20土・日 7日間	梅まつり	偕楽園、弘道館、徳川ミュージアム　等	3,597人

　ボンネットバスの運行にあたっては、バス保存会と運行経路や要する時間、本数などについて打合せを行います。このとき忘れてはならないのは、最終便として各観光スポットにいる人を回収する便の設定です。この打合せ結果をもとに、要項を作成、チラシの制作を行います。並行して、バスの使用賃貸借の契約や、運転手やバスガイドとの委託契約、仮設バスストップの制作を行います。さらに季節によっては、人員整理員を配置することもあり、安全の確保に努めます。また、人員整理員には、今後のイベント等のチラシや飲食店等のパンフレットを配布してもらい、観光客への情報発信の場としての活用も行っています。

（3）　レンタサイクル

　レンタサイクルは、自由なルートを選択でき、交通渋滞や駐車場確保への対応、さらに環境にも優しいことから全国的にも人気が高くなっている交通アイテムです。多くは自治体や外郭団体が運営を行っていますが、企業やNPO法人の参画もみられるようになってきました。

　水戸市内には3か所開設しており、水戸観光コンベンション協会が運営しています。市民や観光客の憩いの場である千波湖畔西側の駐車場と併設させた運用が始まりで、その多くは公園利用者が自転車で散

Ⅲ　観光客の受入れ

策する目的が主流でしたが、平成22年度に既存の水戸駅南口自転車
駐車場内に新たにレンタサイクルを設置したところ、東京や神奈川な
ど県外を中心に多くの方々に利用され、平成27年度にも水戸駅北口
自転車駐車場内に開設しました。やはり、交通結節点からの交通手段
整備は重要であったことを改めて感じさせられ、取組の遅れに反省し
たことを覚えています。この３か所は、いずれも既存の管理人やスペ
ースが確保されていることから、兼ねることで大きな支出を抑えるこ
とができています。今後の課題としては、さらなる充実を図るため、
貸出箇所の増設とともに、各観光施設が受け入れる駐輪場整備等の検
討が必要であると考えています

【平成28年度レンタサイクル利用状況】　　　　　　　　　　　　　（単位：台）

	市内	県内	東京	神奈川	埼玉	栃木	その他	合計
千波湖・桜川	207	437	45	12	24	77	93	895
水戸駅南口	181	284	541	180	151	22	602	1,961
水戸駅北口	97	211	450	141	70	33	431	1,433

（4）　自家用車

　交通渋滞が発生するイベントについて十分な交通対策を行わなけれ
ば、自家用車で来訪される観光客にとっては、車に乗っているだけと
なり楽しい旅につながらなくなってしまいます。

　梅まつりなどの大きな渋滞が見込まれる場合には、警察署と交通対
策に対する打合せを事前に行います。円滑な誘導を行うために、交通
分岐点や渋滞が激しい地点、駐車場周辺等へのガードマンの配置位置
や人数、行動内容の計画を策定します。

　また、道路管理者の協力も含め、インターチェンジなど市内導入口
周辺から仮設の案内板の設置を行っています。あわせて、偕楽園周辺
の駐車場を記した交通マップを作成し、ドライブイン等で配布しても
らう他、ホームページ等への掲載を行っています。

梅まつり期間中の偕楽園周辺では、公園部を中心に約2,000台分の駐車場を確保して、それぞれを案内して渋滞緩和を図っているところですが、近年では、偕楽園から徒歩圏にある市街地の民間駐車場の情報をパンフレットやホームページに掲載する他、徒歩用の仮設案内板も設置するなど、車両を一極集中化させないで分散させる取組を行っています。イベントは異なりますが、郊外駐車場を活用したパークアンドライドの活用も有効です。

第 5 章

観光事業の事例

第5章 | 観光事業の事例

東日本大震災からの復興

1　地震の発生と観光への影響

　平成23年3月11日。宮城県沖を震源地として大規模な地震が発生しました。東北地方太平洋沖大地震です。この地震による被害状況は日本中を震撼させましたが、水戸市においても多大な被害を受けました。

　当日の水戸市においては、梅の開花が最盛期を迎え、多くの観光客で偕楽園は賑わっていました。私も2日後に迫った、水戸藩領の市町村連携により初めて開催する「水戸藩！　味な城下町まつり」の準備・確認等を行っていました。地震の多い土地柄ではありましたが、午後2時46分に発生した地震は特別で、立っていることもままならず、書庫の書類などは投げ出されたりしました。その後、市庁舎は立入ることが困難となり、周辺の店舗では壁面すべてが倒れるような被害まで見られました。多くの観光客が訪れていた偕楽園では、南崖で約120メートルの地割れや好文亭内の内壁や外壁に破損等の被害もありました。

　観光客も含め多くの市民は小学校の体育館や市民センター等において避難を余儀なくされ、私たちも防災計画に基づき食糧手配や避難所対応に追われました。鉄道網は安全確認ができるまで不通となっており、災害対策本部では、電車で訪れた観光客を含めた帰宅困難者に対しては鉄道が動いているつくば市までバスで送るなど、これまでに経験したことのない震災の対応をしてきました。

　そのような震災対応を行っている中、震災から数日後の夜に観光課あてに湯河原市から職員が車に乗って救援物資を届けてくれたのです。

Ⅰ 東日本大震災からの復興

この年２月に水戸市において梅を名所とした自治体による「全国梅サミット」を開催したばかりで、とにかく急いで救援に向かってくれたということでした。その後も続々と梅サミット加盟市町や物産展等で親睦の深い姉妹・親善都市など多くの自治体から直接の来訪や救援物資の送付等により支援をいただき、自治体同士の絆を厚く感じた瞬間でもありました。

その後、徐々に水道や電気、道路の応急補修など、生活に落ち着きを取り戻してきました。観光課はというと、市庁舎が使用不可能であることから、公設地方卸売市場の管理棟に産業経済部の他の課とともに引越しを行い、事務再開の準備を整えていました。季節としては３月下旬となり、通常であれば４月１日から開催する桜まつりの開催準備を行う時期であります。しかしながら、生活を取り戻すことに注力しなければならない中で、まつりの開催を断念せざるを得ませんでした。エネルギー供給が十分ではないこの時期、ライトアップを行うようなイベントは行うべきではありません。この年の桜まつりは中止となりました。

また、この地震で発生した東京電力福島第一原子力発電所事故により、原発事故近隣ということで茨城県全体のイメージを低下させることとなったとともに、きのこ類や海水魚、茶などの食品類の一部が出荷停止されたためか、茨城県の食品全体への悪いイメージが風評として広まりました。また、肉牛用の稲わらから放射性セシウムが検出されたことにより、放射性物質が検出されていない前年に収穫された稲わらを使用している「わらつと納豆」に対しても数多く問合せが寄せられ、農業部門と納豆組合等との連携を密にして、検査結果を明らかにするなど安全性をアピールしてきました。また、茨城空港の韓国便は休止となるなど、交通の分野においても原発事故の風評の影響は大きなものとなっていました。

199

第5章 ┃ 観光事業の事例

　観光を振興するセクションとしては、多くの人々から観光地として避けられる、そして、偕楽園などの主な観光施設は復旧のため閉鎖している、まつりやイベント開催の自粛など、まさに八方ふさがりでした。

　平成22年度の観光客数は、茨城県全体でみると約5,004万人と、前年度の5,153万人から149万人（2.9%）の減少となりました。海水浴の入込客数が好調であったことや新たな観光施設がオープンしたことで2月までは前年度を上回る伸びを示していましたが、3月の東日本大震災の影響により前年度を下回ることとなりました。水戸市においても、例年2〜3月に多くの観光客を迎えることから、その影響は大きく、前年（平成21年）度の約403万人から約337万人と約66万人（16%）もの数が減少してしまいました。

【水戸市の月別入込観光客数】　　　　　　（茨城県観光客動態調査より）単位：千人

年度	4月	5月	6月	7月	8月	9月	10月	11月	12月	1月	2月	3月	合計
H22	257	219	204	57	1065	129	143	129	90	236	426	412	3,367
H21	337	72	198	71	1,072	151	98	117	76	241	468	1,125	4,026
差	△80	147	6	△14	△7	△22	45	12	14	△5	△42	△713	△659

※端数は四捨五入したため報告書の数字とは異なります。

2　復興への取組

　桜の季節も終わり、市民生活のリズムも取り戻してきた時期に、偕楽園では被害状況調査を終え4月29日から部分開放するという明るい話題も出てきました。また、市民においては、偕楽園と弘道館の復旧費用を募金で集めようと有志や民間企業、団体等により「偕楽園・弘道館復興支援の会」が設立されるなど、ふるさとの資源を守る運動も展開されています。

　一歩ずつ復旧も進み、これから元気なまちを目指していく雰囲気となり、観光課としては、イベント等を通して市外から多くの方々に来訪いただくため、これまで以上の活動が求められるようになりました。

原発事故の風評対策や観光案内板等の施設修繕などと管理的な業務に追われていたことから、やっと観光推進に転じることができるようになったのです。

準備期間も短いながら、できることを優先し、PRも進め、5月のつつじまつり、6月のあじさいまつりを開催しました。団体旅行は通常3〜4か月前には告知しておかなければ募集もされず、観光バスを利用しての観光客は少なく、偕楽園周辺の大型バスの駐車台数は前年の1割程度という厳しい状況でした。

このような厳しい現実を見せつけられましたが、まだ、準備にも時間のある8月開催の水戸黄門まつりに向けて力を注ぐこととしました。

まず、まつりのテーマとしては「復興・振興」を掲げ、構成する各イベントにおいて参加者が元気に躍動することを求め、パワーを呼び込む内容としました。

そして、重要なのが水戸の復興に向かっている様子を広く情報発信することでした。これまでの水戸黄門まつりのPRとしては、首都圏のポスター駅貼りやホームページ掲載などが中心でしたが、東京や千葉など水戸からの交通の便が良く、人口の多いエリアに赴きアピールする作戦としました。大手新聞社やスポーツ新聞社などに水戸の梅大使の表敬訪問や読者プレゼントをさせていただくとともに、ラジオによるPRなど、新たな取組を行いました。特に、茨城県のアンテナショップがある銀座においては、市長が自ら足を運んでトップセールスを行えたことは大きな前進があったと考えています。

銀座キャンペーンでは、市長や水戸の梅大使によるウチワ配布を行ったとともに、銀座のある商店会の協力により、イベントの中でPRタイムを設けてもらえるなど、温かな支援をいただきながら、手探り状態でしたが様々な取組を行ってきました。

残念ながら、水戸黄門まつりの観客数は、前年度を上回ることはで

第5章 ┃ 観光事業の事例

きませんでしたが、様々な事業推進の中で、戦略的なPR活動等の幅を広げることができ、今後の観光振興のヒントを得ることができました。

　暗中模索する平成23年度でしたが、震災後初の梅まつりには会場の偕楽園が全面開園となり、水戸黄門まつりで培った情報発信力を生かし、埼玉県へのトップセールスやテレビ出演、上野駅等でのキャンペーンなど、内容や回数の充実を図ってきたほか、職員が水戸市から東京都やいわき市、前橋市まで歩いて梅まつりをPRする「てくてくキャンペーン」のような話題となる取組も行いました。

　また、多くの自治体の温かな協力もいただいており、親善都市の彦根市で開催された物産展においては、水戸市のために特別コーナーを設けて野菜等を販売していただいたほか、栃木県佐野市からは正月に多くの人で賑わう厄除け大師前で水戸の物産展を開催していただいたなど、復興のイメージアップを行うことができました。

　平成24年度には水戸市の復興への取組の原動力として街なかの賑わい創出を目的に「水戸まちなかフェスティバル」（担当：商工課）を開催し、多くの方々に来ていただくことができました。そのフェスティバルのひとつのイベントとして、震災で中止となった「水戸藩！味な城下町まつり」も開催することができ、被災した水戸藩領内市町村の復興の一助となりました。さらに、マスコットキャラクター「みとちゃん」が生まれるなど、新たな事業展開で、市のイメージアップを図り、復旧から復興、振興、そして進展を目指しているところです。

Ⅱ ゆるキャラ

1　みとちゃんの誕生

　かつて、水戸市の様々な事業のパンフレットやチラシ等に、知名度の高い水戸黄門さまをデザイン化して使用してきましたが、それは事業ごとにつくられたため様々なデザインが存在し、市そのものをイメージさせるものではなかったため、多くは一過性のものとして終わってしまいました。

　そのような中、平成24年度に市長のブランド戦略のひとつとして、水戸のマスコットキャラクターを生み出すこととなりました。多くの人々から愛されるキャラクターとするため、また、客観的に見た水戸市のイメージを形にしてもらうために、デザイン及び名称は募集によることとしました。

　まずはデザインを決定して、その後にデザインをもとに改めて名称を募集することとしました。

(1) 選定委員会 (4月26日)

　行政や議会、観光協会、学識経験者、若者代表(大学生)などにより「水戸市マスコットキャラクター選定委員会」を発足させ、募集の考え方やスケジュール、要項について協議を行いました。この中においては、すでに水戸のイメージとなっている水戸黄門さまとの立ち位置のちがいや、募集の手段についてなど、細かな意見も出され、初めて生まれる市のマスコットキャラクターに対して真剣な話し合いが行われています。

（2）デザイン募集（5月28日～7月11日）

　選定委員会からデザイン募集開始まで、約1か月の期間で全国の方々が情報に触れやすい手法に努めました。市の広報紙や地域情報誌、学校等へのチラシの配布などの市域へのPRはもちろん、ホームページやSNSなどを活用してきました。特に、募集雑誌への掲載は大きな効果があったと思います。やはり、「餅は餅屋」ということですね。

　応募状況は全国から1,565もの作品が集まりました。市内からは44％の応募で、約半数以上は市外の方からの応募でした。

【マスコットキャラクターデザイン応募状況】

	作品数	割合
市内	682作品	43.6%
県内	295作品	18.8%
県外	588作品	37.6%
合計	1,565作品	100%

（3）デザイン選定（7月17日）

　選定委員会により最優秀賞1点と優秀賞4点が選ばれました。市民会館の大きな会議室一面に1,500を超える作品を並べましたが、水戸黄門はもちろん、梅の花やダイダラ坊伝説、水戸芸術館タワーなど、それぞれが水戸のイメージを表しているものばかりでした。

水戸市マスコット
キャラクター　みとちゃん

（4）　愛称募集（8月10日発表、8月20日～9月14日愛称募集）

　デザインが決定したことから、デザインの発表とともに愛称の募集を開始しました。デザインを見てそのイメージをもとに様々な愛称をいただくことができたと思います。

　応募の状況は、デザインとほぼ同数の1,567作品をいただくことができました。

Ⅱ　ゆるキャラ

【マスコットキャラクター愛称応募状況】

	作品数	割合
市内	555作品	35.4%
県内	489作品	31.2%
県外	523作品	33.4%
合計	1,567作品	100%

（5）愛称選定〔10月2日〕

　選定委員会により「みとちゃん」という愛称が選定されました。やはり、梅や納豆をイメージするものは多数ありましたが、選定委員会では、「応募された愛称が明快で分かりやすく、愛称に対する説明が優れていることから選定した」とコメントをいただいています。また、この選定委員会において「みとちゃん」のプロフィールに対する意見もいただいています。

（6）権利の整理

　デザインと愛称が決定したことから、作品を提供してくれた方と著作権利の譲渡契約を締結しました。今後の活用において、それぞれに行き違いや紛争が起こらないように明確にしておくことが重要です。

　また、他の企業や人に独占的な使用をされないため、また、趣旨と違った使い方をされないためにも権利として確保しておく必要があります。そのため、特許庁に対して商標登録の出願を行う必要があります。個人でも出願は可能ということですが、事務手続の誤りが許されないことや事務量の軽減のため、特許事務所に委託を行いました。

　さらには、幅広く市民や企業に使用されて愛されるキャラクターとするためにも、使用方法のルールをマニュアル化した「マスコットキャラクター使用に関する要項」を設けて、産業界等に説明会を行うなど、活用と規制を明らかにしてきました。そして、デザインを増加させ、あらゆる場面にも活用できるキャラクターとしています。

2　みとちゃんの活動

　みとちゃんのデビューは、平成24年11月17日の水戸市産業祭で、多くの方々から好評をいただきました。その後は、地元や全国のイベント参加や、PR等で知名度を上げる取組を行ってきました。市役所においても各課連携した全庁的な取組となり、みとちゃんへの特別住民票交付（担当：市民課）をはじめ、職員有志においては、みとちゃん応援ソング「もっとMeetみとちゃん」を作成し、さらに教育委員会では、その曲に合わせたダンスをつくって、授業に取り入れたほか、みとの魅力発信課では、そのダンスを編集してYouTubeに掲載するなど個性的な取組を行ってきました。その取組について、いくつか紹介します。

（1）　イベント参加

　全国各地においてゆるキャライベントの開催が増える中、その参加により自治体間のとの繋がりが深まるとともに、みとちゃんの知名度も高くなってきました。彦根市の「ゆるキャラまつり」や羽生市の「世界きゃらくたーサミット」などの全国規模のイベントへの参加をはじめ、市内の運動会やまつり、市の式典やコンベンションなど、幅広い出演を行い、愛され・親しまれるキャラクターを目指しています。

（2）　グッズ作成

　みとちゃんの知名度と親愛度の向上を図るためオリジナルグッズの制作を行いました。デビュー時からシールやクリアファイルなどのノベルティグッズを制作してファン層拡大を行ってきましたが、さらに身近な存在となるような取組として、水戸観光コンベンション協会が商品の制作を行います。初めての商品は「みとちゃんポロシャツ」で、胸の部分に刺繍でみとちゃんをあしらい、5色のカラーを用意したと

Ⅱ　ゆるキャラ

ころ、市民の方々や団体の協力もあり、目標の１万着販売を達成できました。ちなみに、ポロシャツは水戸市役所のクールビズでの着用も可能となっています。その後は、ジャンパーやフリースなどの衣類、ストラップやノート、ぬいぐるみなど数多くの商品が販売されています。

また、民間企業においても申請をすれば販売可能であり、キーホルダーやお土産品、食品などに数多く活用されています。

【みとちゃんのデザイン使用申請数】

平成28年度　　196件

平成27年度　　151件

（３）　ラッピングバス

水戸市を広くPRするための新たな取組として、高速バスに水戸市のイメージをラッピングすることとしました。知名度が上がってきたみとちゃんのデザインを両面、背面に大きく描いた車両２台により東京駅まで行く便と、仙台まで行く便で、ほぼ毎日のように人口の多い都市に向けて水戸の名前やイメージを発信することができています。

観光地等の画像という選択もありましたが、目を惹いてもらうためにも、かわいらしいデザインのみとちゃんとしました。

（4） 年賀状

みとちゃん誕生の翌年の平成25年には、様々な活動を通して人気も上昇してきました。前年に数件ではありますが年賀状が届いていたことから、全国に向けて年賀状の募集を行いました。募集告知はホームページやSNS等が中心でしたが、全国から2,412通もの年賀状をいただくことができました。水戸に対して温かい気持ちを持っていただいた方々に対して、みとちゃんからご返事をお送りしたほか、抽選でプレゼントもさせていただいています。次年度の返信では、みとちゃんお誕生会への招待状も兼ねるなど、さらに身近な存在となる工夫もしています。

3　みとちゃんと仲間たち

みとちゃんは、イベントを中心に多くのお友達を増やしてきました。お友達が増えることで、活躍の場が増えるばかりではなく、自治体間の情報交換や交流にもつながっています。全員は紹介できませんが、何人か紹介させていただきます。

○　ひこにゃん

ゆるキャラ界では別格な存在です。ひこにゃんのいる彦根市は水戸市と親善都市となっている縁で仲良くさせていただいています。彦根市で開催する「ゆるキャラまつり」では同じく親善都市の高松市のキャラクターと3体による特別ステージを設けていただいたり、水戸市で開催した物産展にも参加してもらったりしています。

○　ハッスル黄門

水戸黄門さまがモデルの茨城県のキャラクターです。ゆるキャラ界ではみとちゃんの先輩で、同じ茨城県内のキャラクターとして、県内

Ⅱ　ゆるキャラ

外のイベント等で活動を一緒にさせてもらっています。

○　とち介

　蔵の街栃木市で生まれた蔵の妖精です。蔵の頭きんにマントがお気に入りなとち介とは、黄門さまの衣装を着たみとちゃん、着物姿の佐倉市のカムロちゃんという〝和〟的なイメージ同士で、「きゃわ和」というゆるいチームを組んでいます。

編著者紹介
商工観光研究会

茨城県水戸市の商工課及び観光課の有志からなる研究会。
水戸市は、多極ネットワーク型コンパクトシティの形成や観光交流人口の増加を目指し、中心市街地活性化や偕楽園、弘道館などの歴史資源を中心とした観光PR等に力を入れており、人口は増加（平成22年国勢調査：26万8,000人⇒平成27年国勢調査：27万人）、観光入込客数も増加している（平成27年：367万人⇒平成28年：374万人）。

自治体の仕事シリーズ　商工観光課のシゴト

2018年7月20日　第1刷発行

編 著 者　商工観光研究会

発　　行　株式会社 ぎょうせい

　　　　　〒136-8575　東京都江東区新木場1-18-11
　　　　　電話　編集　03-6892-6508
　　　　　　　　営業　03-6892-6666
　　　　　フリーコール　0120-953-431

　　　　　URL:https://gyosei.jp

〈検印省略〉

印刷　ぎょうせいデジタル株式会社　　　　©2018 Printed in Japan
＊乱丁・落丁本は、お取り替えいたします。
＊禁無断転載・複製

ISBN978-4-324-10482-8
(5108414-00-000)
〔略号：商工シゴト〕

育て、磨き、輝かせる
インバウンドの消費促進と地域経済活性化

公益財団法人 日本交通公社【編著】

★A5判・定価（本体2,200円＋税）　電子版 本体2,200円＋税
※電子版は ぎょうせいオンライン 検索 からご注文ください。

- ●"20事例"で見る！地域の"観光資源活用"のコツ!!
- ●経済効果を高めるための"ヒント"が見つかります!!

主要目次

第1章 訪日外国人旅行者の消費と地域経済活性化
1. なぜ今地方でインバウンドなのか？
2. 地域の経済効果向上の考え方

第2章 最新20事例に学ぶ！経済効果向上へのカギ
1. 訪日外国人旅行者を「増やす」
2. 訪日外国人の旅行消費単価を「上げる」
3. 域内調達率を「高める」

第3章 育て、磨き、輝かせる！インバウンド受入殿堂観光地に学ぼう
1. 岐阜県高山市
2. 山梨県富士河口湖町

詳しい内容はこちらから！

株式会社ぎょうせい
〒136-8575 東京都江東区新木場1-18-11
フリーコール TEL：0120-953-431 [平日9～17時] FAX：0120-953-495
https://shop.gyosei.jp
ぎょうせいオンライン 検索

― 異動の多い自治体職員のみなさまの強い味方！―
自治体の仕事シリーズ

総務課のシゴト
うつのみやし総務事務研究会／編著

人事課のシゴト
人事院公務員研修所客員教授
鵜養 幸雄／著

財政課のシゴト
所沢市財政課長
林 誠／著

税務課のシゴト
地方税事務研究会／編著

議会事務局のシゴト
大津市議会局次長
清水 克士／著

監査委員事務局のシゴト
富士見市総務部行政経営課（前監査委員事務局）
吉野 貴雄／著

会計課のシゴト
東京都会計事務研究会／編著

福祉課のシゴト
元淑徳大学コミュニティ政策学部教授
元富士見市福祉課長・総合政策部長
石川 久／著

続々発刊！予告！ ●住民課のシゴト

若手職員を指導する際にも役立つ一冊！

☑ **各課業務の概略や課員としての心得など、経験者にとっては当たり前のことを、丁寧に説明しました。**
　　⇒初任者の方にはもちろんのこと、2年目以降の方には業務の振り返りとして、新人や異動者を部下にもつ方には指導用としてオススメです。

☑ **仕事の内容を、月ごと・項目ごとに解説しました。**

☑ **業務遂行上、押さえておくべき法律はもちろんのこと、知っておくと仕事がはかどるホームページや図書の情報も掲載した、まさに○○課の「ガイドブック」です。**

★A5判・各定価（本体2,000円＋税）[電子版]本体2,000円＋税
※電子版は ぎょうせいオンライン 検索 からご注文ください。

株式会社 ぎょうせい
〒136-8575 東京都江東区新木場1-18-11
フリーコール TEL：0120-953-431 [平日9～17時] FAX：0120-953-495
https://shop.gyosei.jp　 ぎょうせいオンライン 検索